帝國為什麼會衰敗

條條死路通羅馬，關於西方政治社會的再思考

WHY EMPIRES FALL

Rome, America and the Future of the West

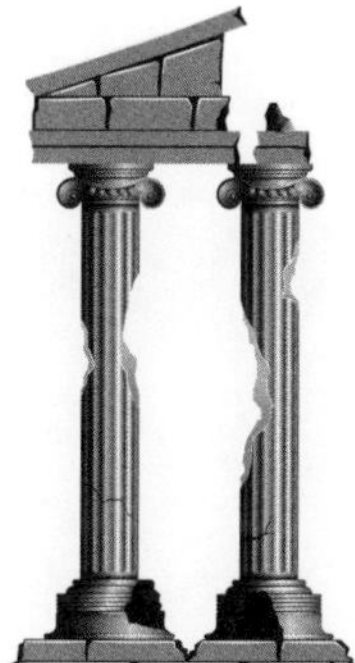

彼得・希瑟Peter Heather 約翰・拉普利 John Rapley ——————著
劉家安、盧靜 ——————譯

目次

推薦文

羅馬的四一四年與美國的二〇二五年

蕭育和，逢甲大學通識中心助理教授、台灣思想文化協會理事

我們有重啟世界的能力。

——潘恩（Thomas Paine），《常識》

西元四一四年，西哥德王阿陶爾夫在自己王國舉行了盛大的婚禮，新娘加拉是西羅馬皇帝霍諾留斯之妹，四年前西哥德人洗劫羅馬城時強擄而來。在本書的兩位作者看來，這場沒有得到霍諾留斯首肯的婚禮，揭露了日後導致羅馬覆滅的隱患，帝國邊緣行省的羅馬豪族，更願意押寶在當地的蠻族獨立王國，就算後來阿爾陶夫入主帝國的野望落空，也沒能扭轉帝國的頹勢。

兩位作者應該不會想到，這個和親的場景在二〇二三年原書出版的兩年後，以另一種奇特的方式重現。當代的羅馬不得不在邊陲的衝突選擇妥協，無論好事者如何描述其中的大三角聯制賽局，都不得不承認這個曾引領世界單極秩序的帝國，正在為可能的兩面作戰所苦，一面是邊陲的區域強國，另一面是曾經在邊陲之外的體系大國。

正如本書反覆的提示，驚人相似的劇本正在相隔千年後上演。盛世的長期繁榮並沒有持續強化帝國中心，羅馬的官僚擴張與美國的自由秩序看似投射了影響力，但在帝國內緣拜經濟成長崛起的區域強權，最終掏空了霸權的基礎。

在堅定的帝國論者眼中，美帝盛世是一個前所未有的秩序，在弗格森（Niall Ferguson）眼中，美國出奇克制其軍事優勢，換做其他帝國，斷然不會在奧本海默時刻放棄重塑世界秩序的機運，而美國本應複製大英帝國模式，透過軍事優勢與自由貿易打造新的帝國秩序，卻在冷戰零時與後冷戰兩次錯失時機。在帝國論者看來，當世兩個最大經濟體結合而成的「中美國」（Chimerica），遠遠不是自由秩序的象徵，而是帝國衰退的徵兆。

經濟重心轉移的成因在千年之間各有不同，同樣的結果是中心更加依賴邊陲，以及帝國內部的階級撕裂，羅馬邊陲的地方豪族選擇與蠻族部落聯盟，西方社會的經濟菁英靠著資本主義的金融化工具脫離國家掌控，享受空前榮景，帝國的經濟收益逐漸流向邊陲，羅馬以及西方國家被迫只能撙節支出勉強維持帝國的福利體系，依然死忠帝國的普羅群眾卻只感受到負擔與成本。

而邊陲之外的動力進一步壓縮了帝國，羅馬面臨的是匈人西遷導致的蠻族部落聯盟以及與波斯帝國的對峙，而在當下，自然是中國的崛起，美中對立同樣也是羅馬與波斯爭奪邊界、貿易網絡與附庸國家的翻版。以羅馬為鏡，兩位作者的忠告是，想保有既有的優勢，跟挑戰者正面衝突絕對不是好辦法，因為「中國的力量不會消失」，意外與帝國論者的論斷一致，帝國無法以關稅、技術封鎖與經濟制裁等等「和平的武器」削弱挑戰者。

這也是兩位作者對吉朋《羅馬帝國衰亡史》基本觀點的商榷，其中之一是帝國並非亡於長期經濟衰退，相反地，帝國在瓦解前夕，其農業經濟依然欣欣向榮，以古鑑今的不言而喻是帝國中心應該正視經濟重心轉移的現實，也就是亞非印太地區的崛起。言下之意彷彿在告誡「新冷戰」的鼓吹者，冷戰無法複製，因為「西方集團」已經不再是一個獨立的經濟體，在經濟一體化的脈絡下，與全球「脫鉤」首先重傷的將會是帝國中心。

帝國的衰亡是一個政治秩序擴張、經濟重心轉移、地緣政治對抗乃至於體系新衝擊彼此加乘的結果，兩位作者藉此也挑戰了吉朋影響力深遠的觀點：帝國亡於對外來族群的不設防與內部滲透，亦即「文明腐化論」。作者明確指出，當前西方國家的財政壓力主要因為經濟成長放緩、勞動人口比例的下降，以及福利國家的支出等等因素，而非外來移民。當代的腐化論者往往援引羅馬經驗力主維護純正文明對帝國霸業的重要，然而正好相反，當前的西方世界比之過去都更迫切需要外來移民，以因應經濟盛世所導致的人口結構變化，文明衝突的世界秩序願景遠遠不是新世紀大棋盤，而是帝國終將傾覆的前奏。

這本「羅馬啟示錄」遠遠並非帝國終將傾覆的預言書。羅馬的崩潰有其技術上的先天結構性因素，交通的不便限制了中心的擴張，此為農業社會必然的結局，不過，相較於羅馬帝國繫於有形有限的土地資產，當前帝國重新鞏固中心的動能在於無形的民主憲制，西方世界必須藉此約束金融資本的跨國流動，填補在新自由主義時代被擴大的階級鴻溝，更必須放下文明自傲，接納外來移民，並以自由民主的理念拉攏國際盟友。

一切取決於當前的帝國是否願意承擔民主憲制秩序輸出者的角色。在本書中文版面世的今天，讀者恐怕會很遺憾地發現，帝國當前的政治路線正與兩位作者的建議背道而馳。帝國的主事者對於當前帝國秩序的動態懷抱著某種邊沁式疑慮，既憂慮邊陲秩序的逆輸入，又虔誠地相信只有貿易互惠才能維持零和競爭的體面。

讀者不一定要接受本書「歷史想像」的願景，但無法不正視其中對西方世界困境的討論；不一定要認為帝國正在衰退，卻不得不承認戰後的大國協調秩序正面臨前所未有的挑戰。無論如何，我們眼前的盛世正在上演千年前羅馬覆滅的劇本，不過結局仍未寫定，帝國是否還能重拾建國之初自詡「重啟世界」的雄心呢？數帝國遺跡，還看今朝。

推薦文

羅馬滅亡了，所以呢？

范姜士璁，中興大學歷史學系助理教授

本書是一本穿梭於羅馬帝國（下文或以「羅馬」與「帝國」稱之），以及二十世紀末至當代間的著作，涵蓋面向十分豐富。以下導讀首先簡述「羅馬帝國衰亡」的學說史，其次略述本書概要，以及推薦原因。

西元四一〇年夏，哥德人領袖阿拉里克攻入羅馬城。這是羅馬城在西元前三九〇年為高盧人劫掠以來，再度遭到外敵攻占。僅僅四十五年後，汪達爾人橫越地中海，這座「永恆之城」遭到第二次劫掠。再過二十年，小奧古斯都．羅慕路斯遭到罷黜。西羅馬帝國的帝位承繼至此終結。

對於羅馬何以衰亡的討論十分可觀。根據德國學者德蒙特（Alexander Demandt）的計算，歷來學界提出的可能「因素」多達二百二十七種！在這些因素中，有關「蠻族」的遷移，以及他們與羅馬的衝突是學界對「羅馬帝國衰亡」討論的核心問題。著有《羅馬帝國衰亡史》的吉朋（Edward Gibbon）認為，基督教興起造成的道德敗壞，以及在內部已衰變的情況下，「蠻族」的軍事行動是帝國衰亡的因素之一。從二十世紀下半葉起，部分學者試圖淡化「蠻族」的重要性。戈法特（Walter Goffart）強調羅馬對「蠻族」的「容納」與彼此的「協定」，認為帝國的衰亡實為「不小心失控的實驗」。庫利科斯基（Michael Kulikowski）指出，羅馬的崩解肇因於內部動亂，「蠻族」並非最重要的因素。薩里斯（Peter Sarris）則認為帝國內部問題與羅馬敵人的威脅兩者導致帝國的衰亡。沃德—珀金斯（Bryan Ward-Perkins）與本書作者之一希瑟（Peter Heather）處於光譜另一端。前者運用大量出土文物，說明上述的「蠻族」對既有生活模式的衝擊。希瑟則主張，伴隨匈人的西遷，哥德人、汪達爾人等的移居、整合與勢力擴張，以及領土、稅收的損失皆是羅馬崩解中的關鍵角色。

這本《帝國為什麼衰敗》可說是藉由羅馬人的經驗（或教訓？），對「西方」的挑戰提出可能解方的嘗試。全書由（一）羅馬的成長與衰亡，以及（二）當代「西方」的發展與困境交織而成。第一、二章回溯當代「西方」過往的榮景，亦同時說明晚期的羅馬帝國經濟活力仍存。然而，值得注意的是，帝國邊陲的經濟不僅藉征服與殖民而發展，這樣的變化往往牽動政治影響力的改變。第三章以羅馬疆域為核心，提出緊鄰邊界的「內緣」與更外圈的「外緣」概念，這樣的區分亦適用在近代殖民體系中與殖民母國（核心）貿易價值高低的「內緣」與「外緣」。第四章說明，儘管內緣地帶政治發展終將隨財富流入成熟，無論是羅馬帝國，抑或近代的殖民母國在這樣的演變早期仍得以各種策略維繫主導權與利益。二次大戰後的全球政治與貿易秩序即為一例。真正的挑戰來自他處。第五章指出薩珊波斯的興起使羅馬資源捉襟見肘，難以因應哥德人等因躲避「外緣」匈人遷移所造成的衝擊。作者說明，羅馬帝國的崩解實為「外緣」動態對「內緣」造成的動盪與後續效應所致。對羅馬衰亡的討論於第六章前半告一段落。接下來的篇幅聚焦「西方」面對的挑戰，以及可能的存續策略。在二十世紀，全球化帶動過往的「內緣」，意即被殖民地的成長，亦提升他們在政治、外交上的自主性。另一方面，如同波斯對羅馬的挑戰一般，地處「外緣」的中國崛起亦開始威脅「西方」體系。羅馬的經驗或可提供一些因應之道。作者認為，較之正面衝突，擴大與「內緣」國家結盟，與中國適當合作，共同面對全球性的挑戰或許是「西方」更好的策略。

無論是對古代史有興趣，或是關注當代議題的讀者，這本篇幅短小，卻深具啟發性的著作均值得一讀。兩名譯者以通順且精準的語句行文，增加了本書的可讀性。書末的參考書目和簡介相當詳盡，可供讀者進一步參考。

但本書有兩點值得商榷。其一，作者欲納入及分析的古代、當代論題豐富，以致對諸多議題難以兼顧細節，羅馬與近代／當代歷史的交錯敘述亦增加了梳理論述時的挑戰性，是美中不足的部分。其二，書中對波斯的敘述，如比沙普爾石雕數量，以及波斯於三世紀的持續擴張政策等似與當時狀況有所出入。比沙普爾與羅馬皇帝瓦勒良有關的石雕有兩處，而波斯並未在整個三世紀持續擴張勢力（止於三世紀六〇年代）。在述及羅馬統治下的不列顛時，本書似乎並未納入對切德沃爾茲羅馬莊園（Chedworth Roman Villa）馬賽克鑲嵌的討論。另一方面，根據本書論述，薩珊波斯與中國同是來自「外緣」，足以與「帝國／西方」分庭抗禮的政權。然而，波斯與當代中國的世界觀與對外政策均有顯著不同。這樣的修辭是否合適，不無討論的空間。若從對既有世界秩序的挑戰來看，海峽彼岸的中國或許更像是七世紀急遽擴張的阿拉伯政權，而非三世紀以降、多數情況下依循「天穹中的雙星」原則的波斯。

本文寫成的當下，後疫情時代的世界正值多事之秋。在東亞，中國往西太平洋及南海擴張的行動並未停歇；在歐亞大陸的另一側，極右翼勢力在德國、羅馬尼亞等國家興起。與此同時，烏俄戰爭已邁入第四年。在北大西洋，美國與各國的關係在川普主政下仍有待觀察。「西方」是否能以本書作者所說，以「兼容新興政權，擴大勢力」因應當前挑戰，台灣又該如何自處，這些問題或許值得我們進一步思考。

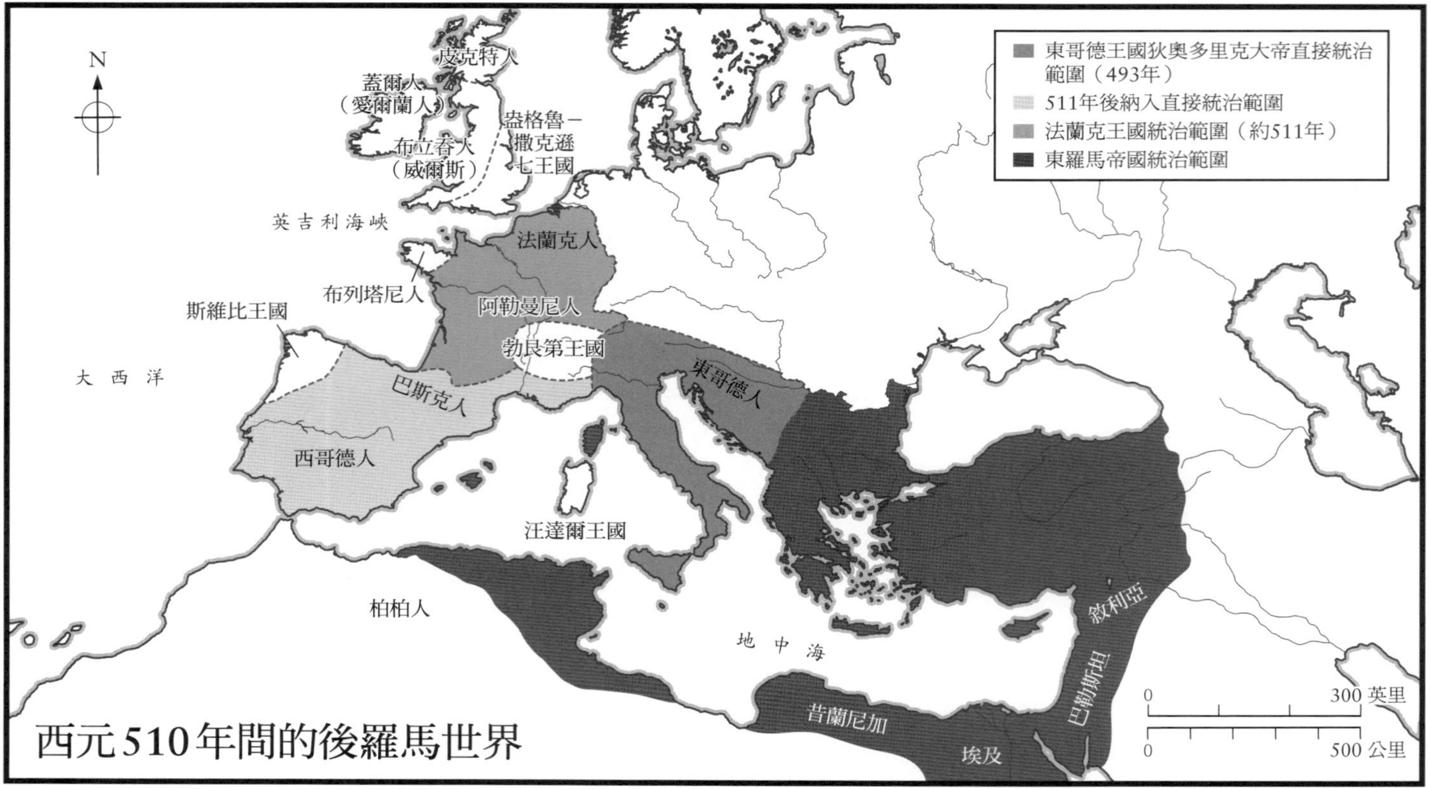
西元510年間的後羅馬世界
東哥德王國狄奧多里克大帝直接統治範圍（493年）
511年後納入直接統治範圍
法蘭克王國統治範圍（約511年）
東羅馬帝國統治範圍
N
皮克特人
蓋爾人
（愛爾蘭人）
布立吞人
（威爾斯）
盎格魯－撒克遜七王國
英吉利海峽
法蘭克人
布列塔尼人
阿勒曼尼人
斯維比王國
勃艮第王國
東哥德人
大西洋
巴斯克人
西哥德人
汪達爾王國
柏柏人
地中海
敘利亞
巴勒斯坦
昔蘭尼加
埃及
0
300 英里
500 公里

西元初年歐洲發展區域圖

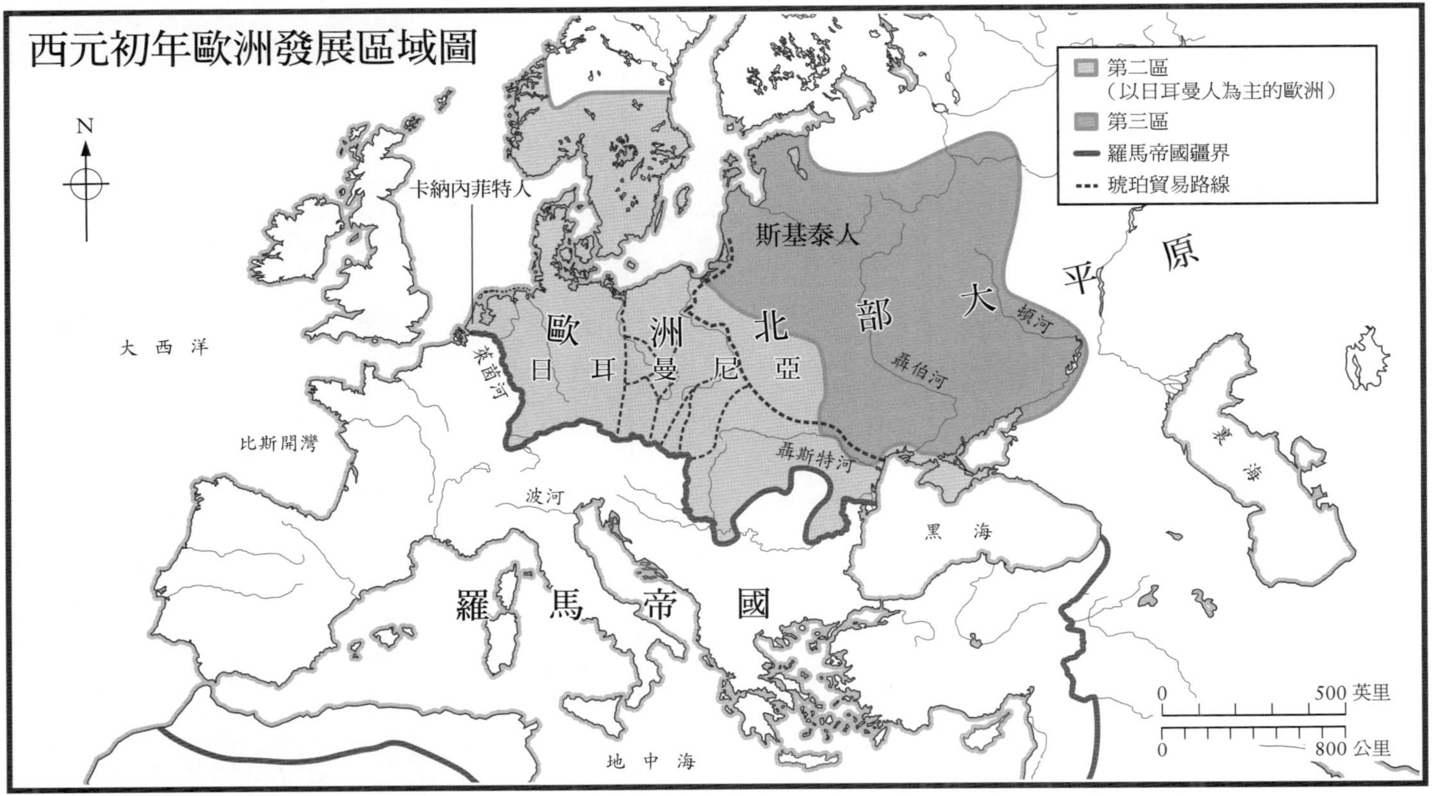

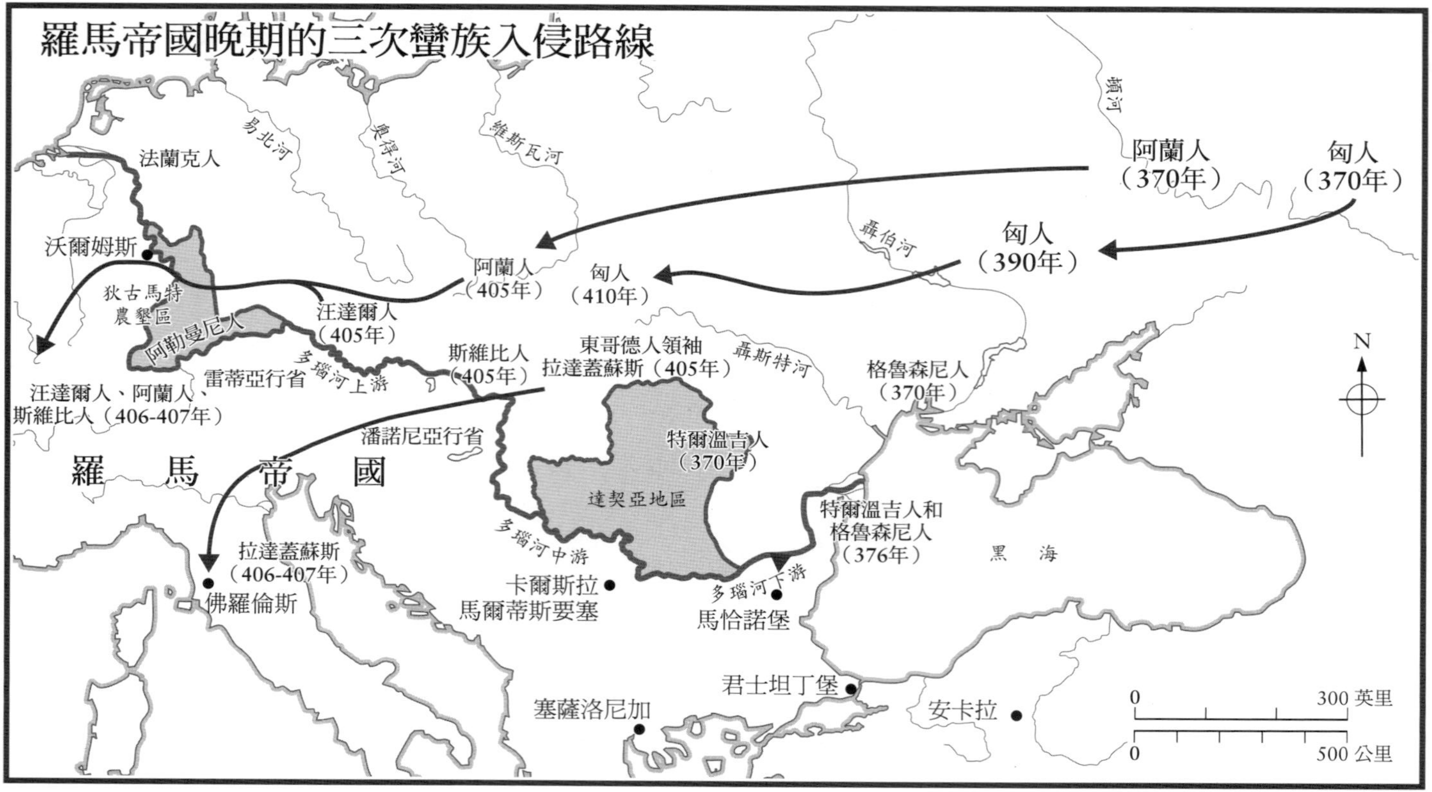
羅馬帝國晚期的三次蠻族入侵路線
頓河
阿蘭人（370年）
匈人（370年）
匈人（390年）
聶伯河
維斯瓦河
奧得河
易北河
法蘭克人
沃爾姆斯
阿蘭人（405年）
匈人（410年）
狄古馬特農墾區
阿勒曼尼人
汪達爾人（405年）
雷蒂亞行省
多瑙河上游
斯維比人（405年）
東哥德人領袖拉達蓋蘇斯（405年）
聶斯特河
格魯森尼人（370年）
N
汪達爾人、阿蘭人、斯維比人（406-407年）
潘諾尼亞行省
特爾溫吉人（370年）
羅　馬　帝　國
達契亞地區
特爾溫吉人和格魯森尼人（376年）
黑　海
多瑙河中游
拉達蓋蘇斯（406-407年）
佛羅倫斯
卡爾斯拉馬爾蒂斯要塞
多瑙河下游
馬恰諾堡
君士坦丁堡
塞薩洛尼加
安卡拉
0　300 英里
0　500 公里

卡洛林王朝與奧托王朝勢力圖

前言

世界跟著金錢轉

與其說帝國的未來完全掌握在其境內發生的事件與決策上，不如說「我們的」帝國從根本上來說，都是因為他們帶給周遭的世界變革，進一步導致他們自身霸權的終結。

西方世界能否靠自己再造顛峰？更甚之，西方該不該試圖再起？

西方世界於十九世紀到二十世紀末間，登上全球霸主的寶座。這期間，西方從全球經濟競爭中脫穎而出，占據全世界八成的生產總額。與此同時，以現今的經濟合作暨發展組織（OECD）中的發達成員國而言，西方世界原先與其他地方不相上下的平均收入，一舉成長到五十倍之多。

西方以壓倒性的經濟優勢成為世界楷模，帶動政治、文化、語言和社會改造的浪潮。由歐洲內部演變出來的民族國家（nation state）成為幾乎世界各地通用的主流政治型態，取代原先分布於全球的城邦（city states）、王國（kingdoms）、哈里發國（caliphates）、主教區（bishoprics）、酋長國（sheikhdoms）、酋邦（chiefdoms）、帝國（empires）和封建政權（feudal regimes）等多樣性政體。英語成為全球貿易主要語言，法語則是全球外交主要語言（後來也被英語取代）。全世界的盈餘都存進西方國家的銀行，英鎊取代黃金成為國際貿易間的主要媒介，後來則是被美元取代。西方大學成為全世界知識分子眼中的聖殿，到了二十世紀末，整座星球的娛樂都掌握在好萊塢電影圈和歐洲足壇手上。

然後，突然間，歷史倒轉。

二〇〇八年經濟大衰退（Great Recession）演變成大停滯（Great Stagnation），西方在全球市場占的產出份額從百分之八十下降到百分之六十，至今即便速度稍緩，仍止不住地持續下跌。實質工資下降，青年失業率攀高，不論公領域或是私領域都債台高築，公共服務也因而備受打擊。西方於一九九〇年代以來對於自由民主政治論述的堅強自信，也化為自我懷疑與內部分歧。與此同時，其他模式則逐漸在國際舞台上嶄露頭角，尤其是中國以國家機器主導的威權式中央計畫模式，過去四十年間，中國經濟持續成長，期間國民平均所得每年成長百分之八，這意味著中國實質收入每十年就會翻倍。為何世界的權力天平大幅倒向對西方不利的一端？西方該試著扭轉乾坤，還是該將之視為自然演變，試著找出更好的方式去順應潮流呢？

如此戲劇性的大起大落對這世界來說並非首例。西元前二世紀，羅馬興起，逐步統治了當時他們所知的整個世界，稱霸天下的羅馬帝國維持近五百年，直到一世紀中葉驟然垮台。雖說羅馬帝國早在一千五百年前就走入歷史，但是本書認為羅馬的衰亡仍能為當今世界帶來重要的一課，藉由羅馬帝國以及隨之衍生出的世界史，我們可以

人均GDP成長率(%)，1983至2020年

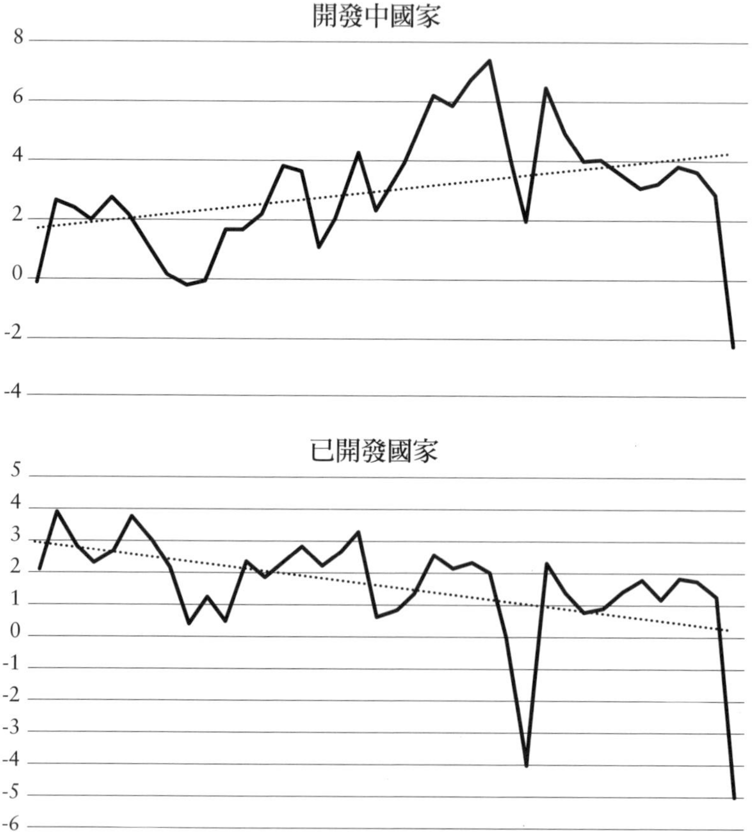

資料來源：世界銀行世界發展指標（World Development Indicators）

再次反思當代西方的歷史發展及現狀。羅馬的宿命可以用來以古鑑今，這已經是老生常談了，但是迄今為止，羅馬歷史總是僅用於以西方為中心，來對當下發生的事進行診斷。比方說歷史學者尼爾·弗格森（Niall Ferguson）於二〇一五年時，針對巴黎巴塔克蘭劇場屠殺案（Bataclan massacre）高調發表評論，他在大西洋兩岸包含《星期日泰晤士報》（*Sunday Times*）以及《波士頓環球報》（*Boston Globe*）在內的主流報社上發表一段評論，指出歐洲「在購物商場以及體育場方面已然墮落」，同時引入「覬覦其財富卻不放棄自身祖傳信仰的外來者……這就如同羅馬帝國在五世紀初時一樣，歐洲**容許**（粗體為作者添加）了自身的防禦潰散。」在弗格森的結論中，這一點「就是文明衰亡的原因」。他的靈感源自愛德華·吉朋（Edward Gibbon）的名作《羅馬帝國衰亡史》（*Decline and Fall of the Roman Empire*），該書認為，當羅馬開始不再抵制外來者，而讓基督徒、野蠻時期的哥德人、汪達爾人，以及其他人種混雜而成的外來族群開始於境內占有一席之地時，羅馬帝國就踏上了由內而外崩解的末路。外來族群會像病毒一樣侵蝕宿主，使得原處黃金時代的帝國開始慢慢變得衰弱，到最後就會失去生存意志。吉朋的基本觀點（其實就是羅馬自作自受）至今仍具有一定的影響力，而對於包含弗格森在內的部分人來說，羅馬帶來的教訓十分明確。要對抗這樣的病毒，就得要控制邊界，築起高牆，將「異族」拒之在外，回歸祖傳的信仰，同時要奉行更強硬的民族主義，並重新評估國際貿易協議。[1]

引狼入室這套說法似乎鏗鏘有力，但是吉朋寫下該書已經是陳年舊事了，《羅馬帝國衰亡史》的卷一於一七七六年出版，當年美國也才剛宣布獨立。後續兩個半世紀中，人們對於羅馬歷史有了更深刻的理解，這也就為現今西方所處形勢以及未來幾十年的可能發展，帶來截然不同的觀點。

十多年前，本書的兩位作者在一次對談中清楚理解到，就現在西方所處的處境而言，修正過後的羅馬史有可能貢獻出一套另類、去殖民化的理解方式。彼得·希瑟是研究羅馬及後羅馬時期的歷史學家，特別關注全球性帝國邊陲地帶上的社會發展，即當人們的生活被納入帝國的成長軌道時，會如何轉變他們的社會。約翰·拉普利則是政治經濟學家，關注現代開發中國家如何經歷全球化的過程。經過一整個下午的長談，我們發現，我們研究的兩個帝國固然大不相同，卻能從中得出相似的結論。

我們都認為，與其說帝國的未來完全掌握在其境內發生的事件與決策上，不如說

「我們的」帝國從根本上來說，都是因為他們帶給周遭的世界變革，進一步導致他們自身霸權的終結。儘管在古羅馬與現代西方世界之間有著深切差異（而且有時候正是因為如此），這兩段歷史之間卻能為我們帶來相同的啟發。帝國的生命週期始於經濟發展。帝國誕生是要為統治著帝國的核心創造新的財富流，但與此同時，這也會為被征服的行省以及部分周邊領土創造出新財富（包含那些並沒有正式受到殖民，但是與發展中的核心地帶有著從屬經濟關係的地方和人民）。這樣的經濟轉變必然會觸發政治變遷。凡是財富得以集中或是流動，都會讓能夠從中獲利的參與者有機會奠立根基，藉此建立新的政治力量。帝國觸發的循環為周遭地區帶來大規模經濟發展，進一

1 政治光譜上最極端的一派，試圖找出所謂的「黑暗陰謀」，即為邊陲地帶的外來移民將取代西方人口的理論。他們稱之為「取代理論」（Replacement Theory），這個概念源自一九七三年哈斯佩爾（Jean Raspail）的烏托邦小說《聖徒營》（*Le Camp des Saints*），但是內容是受一九六八年鮑威爾（Enoch Powell）的「血河演說」（Rivers of Blood）啟發。這套理論由一些遊走於灰色地帶（不惜驅動恐怖攻擊的）政治邊緣派系，走向稍微較主流的圈子，出現在匈牙利總理奧班（Viktor Orbán）及義大利副總理薩爾維尼（Matteo Salvini）的演說中，並貫穿於法國黃背心運動當中。（編按：本書除特別標明，皆為作者注。）

步觸發政治進程，最後就會回過頭來挑戰帝國的統治權。

這套經濟與政治的邏輯運作十分強大，舊帝國中心將無可避免地面臨某種程度上的相對衰退。你不能單純只「讓美國再次偉大」（即便換作英國、歐洲也一樣），因為過去幾個世紀以來，正是因為西方霸權的運作，重新安排了全球戰略力量中使其「偉大」的基石。這也意味著，最近的「讓美國再次偉大」或是英國脫歐，這類嘗試直接逆轉相對衰弱的情勢的行為並不明智，反倒可能只會加速並加深這個過程。但是整體而言，這並不就代表著文明必然瓦解、大規模經濟衰退必將來臨，而社會、政治甚至文化上都必然將因此陷入混亂。

從羅馬歷史中也能看到，帝國會採用各種措施來回應這段調整的過程，從極具破壞性的措施到更有創造力的措施皆然。現代西方才剛踏上自己的調整過程，羅馬世界則是很久以前就完全走過這一段路，而在這點上，持續比對也能得到重要的觀點。就現代西方而言，這段進程仍處於初期的發展階段，若以一到五世紀間羅馬帝國由轉變到瓦解的長期過程來看，兩相比對之下，就會彰顯出這段進程的關鍵性。

本書將分為兩部分充分探討這種比對帶來的可能性：第一部分將以羅馬歷史來了

解現代西方的崛起。這部分會揭露過去幾個世紀中，現代西方的內部經濟與政治演進，與羅馬帝國驚人的相似處，並分析為什麼它對世界經濟驚人的主宰地位明顯減弱，並且必將持續下滑。然而，現代發展中的邊陲地區所帶來的挑戰仍處於早期階段，我們可以充分探討邊陲地區的發展以及其削弱羅馬帝國，並在帝國瓦解後創造新世界時所扮演的角色。

因此，第二部分採取略為不同的切入角度。正因為現代西方仍處於起步階段，這兩個帝國的故事無法完全並置。第二部分將深入檢視羅馬瓦解的過程，找出其中的關鍵要素，並以餘下的章節檢視這些關鍵要素各自在現代西方世界的重要性，並透過古老的證據推敲當今局勢所將面對的長期發展，不論結果是好是壞。你不可能讓西方再次偉大，一舉成為無可披靡的全球主宰，但在這段必然的調整中，我們可以將西方文明當中最精華的部分，寫入新興的全球秩序當中，也可能蠶食西方人民在重塑後的世界中維繫繁榮的最大希望。最終，我們可以再次從羅馬歷史中看出，西方的未來掌握在其公民與領導者手上，一切取決於接下來數年的關鍵時期，這些人如何在政治與經濟上做出抉擇。

第一章

盛世般的狂歡

任何教過書的人都知道，對大多數學生而言，先入為主的印象往往根深柢固難以改變。但是，它必須要改變。在過去五十年裡，人們開始留意一套對於羅馬歷史的新詮釋。

西元一九九九年，華盛頓特區

現今的政治氛圍下，分歧愈演愈烈，輿論燒遍各項公共議題：社會不公持續加劇、生活水準停滯不前、債台高築，就連公共服務也日漸衰退。回頭來看，很難想像不過二十年前，西方世界有著看似光明燦爛的前景。當二十世紀邁入尾聲時，現代世界仍繞著美國轉。當時的美國是世上最大的經濟體，失業率創下新低，享受著有史以來最長的經濟成長潮，股市每年都以兩位數在成長。乘著網路經濟暴發的浪潮，數百萬一夕暴富的美國股民，大肆揮霍著他們的意外之財，進而帶來良性循環，經濟隨之起飛。不僅美國如此，整個「西方」都是如此，美國的盟友們，包含西歐、加拿大與亞洲（澳洲、紐西蘭以及後來居上的日本），以富裕、工業化的經濟體組成了足跡遍布全球的西方世界。西方的繁榮和富裕以及其對個人自由、民主和自由市場的價值觀，為全世界帶來莫大影響，這一切都成為無庸置疑的現實。

再往回推十年，似乎就是二十世紀最關鍵的歷史轉捩點，當時，東歐抗議者紛紛推翻他們的共產主義領袖。兩年後，蘇聯在公投後解體，而美國的經濟學家則開始環遊世界，四處遊說各國政府效法西方，重新打造他們的經濟與政治體制。甚至就連中國共產黨都伸手擁抱市場經濟。德國邁向統一、歐洲經濟復甦、英倫群島一片祥和，美國則乘風高飛。到了一九九九年，西方國家消費的全球產出份額達到驚人的歷史新高：全球產出的貨物及服務之中，百分之八十的全球產出被僅占全球人口六分之一的人消費掉。

美國總統柯林頓（Bill Clinton）在一九九九年的國情咨文演說當中，流露出好日子永不結束的樂觀看法，宣稱「我們的未來前景無限」。因為經濟學家告訴他，美國的「大穩定時期」將要到來，這將會是個經濟穩定、無限成長的年代，他的執政團隊認為政府盈餘很快就將達到數兆美元。柯林頓敦促國會將這筆龐大的資金投入養老金以及醫療保健，他的財政部長則宣稱，在政府赤字持續攀升數十年後，美國終於要開始償還過去兩世紀累積下來的所有債務，還會將更多錢放回美國人民的口袋。與此同時，大西洋彼端，英國首相布萊爾（Tony Blair）組織的新工黨政府（New Labour）順應時代精神，雄心勃勃地大幅擴張公共服務，歐盟則是冷靜且自信地準備迎接舊蘇聯集團解體後的大部分成員加入西方民主國家的菁英俱樂部。

僅僅幾年過去，這種樂觀之情就消失無蹤。二〇〇八年金融海嘯來襲，全球陷入經濟大衰退，然後就陷入大停滯。距離一九九九年達到高峰僅僅十年，西方國家在全球產出中的份額就已經縮減了四分之一，全球生產總額從百分之八十降到百分之六十。儘管各國政府與其央行大舉注入資金振興經濟，以免直接受到這場危機最嚴重的衝擊，但西方國家自此一蹶不振，至今仍未能恢復到過去的成長速度，而開發中國家的關鍵區域卻仍能持續維持快速成長。此消彼長之下，西方國家在全球生產總額中所占的比例持續下滑。西方國家頓失陣地的還不只是經濟層面。曾經閃亮的西方「招牌」變得黯淡無光，如今對外呈現出的往往是深刻分歧與搖擺不定的民主體制，似乎整個體制不過是為少數人牟利而存在。相反地，威權領導與單一政黨的模式，如今在經濟與政治上都逐漸拾回曾一度失去的公信力。

對部分西方評論家而言，吉朋以羅馬歷史為鑑做出的診斷，似乎就是對症下藥的良方。他們認為，西方在外來移民潮下失去了自己的身分認同，尤其是面對穆斯林移民時必須築起防禦，重新確立核心的文化價值觀，否則將注定走上帝國末路。然而，二十一世紀的歷史研究對於羅馬歷史有了更深刻的理解，將能夠為現代西方帶來大不相同的教訓。

西元三九九年，羅馬

早在柯林頓過分樂觀地展望無限的可能性之前，距今十六個世紀前的羅馬，就曾有位帝國發言人在羅馬元老院面前，對羅馬世界的西半部發表當時的「國情咨文演說」。那時是三九九年一月一日，這天是新任執政官就職日，執政官是羅馬世界最具威望的官職，在這個日子，新任執政官將接下這項千年來不曾間斷的傳統，就職那年更會以其名紀年，讓他從此得到永生。而這一年將獲得永生殊榮的候選人是狄奧多魯斯（Flavius Mallius Theodorus），他是有豐富行政經驗的律師兼哲學家。迎接他到任的這場演說滿溢著勝利之情，預示著全新的黃金時代即將隨著他一起到來。負責演說的發言人是名為克勞狄安（Claudian）的詩人。他先是以浮誇的讚美向觀眾致意：「感謝這場盛會以宇宙般的度量，容我在此一睹全世界的輝煌共耀。」（就算現代最大膽的公關專家大概都說不出這種話）接著他就正式開始演說。

演說有兩大主題。首先，狄奧多魯斯願意出任執政官一職，正彰顯執政團隊傑出異稟之處。「吾皇千秋，誰人得拒？其功勳顯赫，何曾得及？綜觀古今，其智勇雙全無與倫比，即便是（凱撒的災星）布魯圖斯也會樂於為當今的皇帝效犬馬之力。」「再說，如今帝國輝煌盛世將臨。」「榮耀之路為智者而開，功勳必得彰顯，勤奮終將得償。」

乍聽之下，這整段演說講得天花亂墜，像是歷史上的那些失敗政權總是少不了的馬屁話。當時的西羅馬帝國皇帝是年僅十五歲的霍諾留斯（Honorius），真正的實權其實握在斯提里科（Stilicho）將軍手上。斯提里科將軍是個擁兵自重的軍頭，身上流著蠻族的血液，而他身邊的官員則個個都想找機會朝他背後刺上一刀。[1]短短十年之後，名為阿拉里克（Alaric）的哥德國王就將率領著一群近年才移入羅馬世界的蠻族戰士，一路殺進羅馬城的大門。霍諾留斯的皇朝在接下來幾代邁向末路，西羅馬帝國分裂成一系列的蠻族王朝，阿拉里克率領的哥德後裔統治大部分西班牙及高盧南部的領地，高盧的東南地區由勃艮第（Burgundian）諸王控制，北部地區則是由法蘭克

（Frankish）諸王控制，北非有汪達爾人（Vandals），盎格魯—撒克遜（Anglo-Saxon）的各部族瓜分英吉利海峽以北的地區。難道，當時的執政官、皇帝、發言人和元老院，典禮上的這些人全都是在自欺欺人嗎？吉朋顯然就是這麼認為。根據他的說法，自從二世紀的安東尼王朝（Antonine）的黃金時期過後，羅馬不論是經濟上、文化上還是政治上都持續衰退，到了三九九年時，羅馬的衰亡已經近在眼前。

後續歷史學家根據吉朋提出的模型持續深入研究，到了二十世紀中葉，他們彙整出一份衰亡狀況的條件清單，用來清楚表列當時的頹態。第一點，在四世紀的帝國法條當中，就有「荒廢農地」（agri deserti）一詞。羅馬世界幾乎完全是農業社會，羅馬帝國的農民在總人口中占有百分之八十五到九十的比例。荒廢農地的存在透露著經濟災難的氣息，其箇中原因是懲罰性稅制，而當時的文字記載也會不時抱怨這一點。第二點，由下而上的腐敗。在吉朋所寫的黃金時代（Golden Age），羅馬的中上階級

1 斯提里科將軍出生於羅馬境內，但是他的父親是汪達爾移民。九年後，他的競爭對手在一次政變中，藉機將斯提里科連同他的子嗣一併處決。

通常會在刻有日期的石碑上，記錄其生平卓越之處。這些石碑記載著他們的功勳、職位和贈禮，這些贈禮通常會是為當地城市社群所蓋的一些建築和公共設施（在羅馬世界中，這能展現出受到高度重視的公民美德）。但是，在十九世紀進行的兩個龐大研究計畫中，收集並出版了所有已知的拉丁文及希臘文的石碑，縱觀下來就會清楚看到一個明顯的重點。從三世紀中葉開始，石碑製作頻率驟降，相較於先前的平均數量，每年製作的數量少了五分之四。羅馬世界富裕階級用以自捧的石碑戲劇性地減少，就和荒廢農地出現一樣強烈散發出經濟崩盤的氣息。第三點，當學者仔細檢視埃及留下的莎草紙，以及同一時期帝國發行的錢幣之後，更進一步地強化羅馬衰亡的觀點。第三世紀下半葉，帝國人民面對一波大幅通貨膨脹，程度不亞於一次大戰後的德國，這是第納里（denarius）銀幣逐漸貶值造成的。貨幣貶值、惡性通貨膨脹、上層階級失去信心、農地荒廢，種種跡象都指向一個顯而易見的結論：早在狄奧多魯斯就任的一個世紀以前，帝國經濟早已形同廢墟，基督教的興起則不過是讓事情更加混亂而已。

吉朋也開創了一種思維：新興宗教為帝國帶來深刻的負面影響。根據他的看法，基督教的教士與苦行者高達數千人，相當於數千名「閒散人口」依賴著帝國生活，消耗掉帝國的經濟活力。他同時也認為，基督教當中要以「連左臉也轉過來任由他打」來傳達愛的方式，削弱了過去造就羅馬的崇武美德，吉朋也非常厭惡基督教領袖之間的內鬥傾向，認為會因此阻撓帝國朝向和諧統一的古老目標邁進。結果，在二十世紀前半葉歷史學界達成普遍共識：三九九年時，整個羅馬的龐大體系是由臃腫的極權官僚體制勉強撐起的一棟大廈，而這棟大廈建立在一個由中央指揮的經濟體上，它所能做到的頂多就是不讓士兵挨餓而已。一次大戰後長大的這一代學者，不僅親眼目睹過威瑪共和國惡性通貨膨脹帶來的混亂局面，同時也面對著俄國布爾什維克時期，以及德國納粹時期的極權統治的例子。就這套對羅馬歷史的普遍觀點來看，羅馬帝國晚期百廢待興，只差蠻族入侵，就能一舉擊垮搖搖欲墜的帝國。而實際上也確實如此，就在狄奧多魯斯就任執政官，號稱將要開啟新的黃金時代的幾十年後，蠻族就敲破羅馬城的大門。

這套帝國中心在道德層面和經濟層面墮落的論點，將帝國瓦解的責任全然歸咎於羅馬領導人身上，為當代帶來難以言喻的影響。這套觀點不僅風靡於一些西方主流的保守評論家之間，同時也在社會學科占有一席之地，形塑出當代國際關係學界中一些具有影響力的思想，甚至還會不時滲進白宮。川普（Donald Trump）的前顧問班農（Steve Bannon）就經常引用吉朋的觀點，認為美國就是因為放棄宗教傳承而走向衰敗。川普總統的就職演說當中，就明確地提到這種世界觀，並將當時的美國現狀形容成「美國浩劫」。對柯林頓的外交政策有深刻影響的作家兼思想家卡普蘭（Robert Kaplan），也曾大力讚揚從吉朋書中得到的見解，其中特別提到吉朋的書影響他自己對於全球邊陲地帶「將要陷入無政府狀態」的預測看法。吉朋在經濟理論上也有深刻影響，在《國家為什麼會失敗》（*Why Nations Fail*）一書當中，兩位作者艾塞默魯（Daron Acemoglu）與羅賓森（James Robinson）就認為，自由制度為現代西方的成功奠定基礎，而威權體制則會無可避免地邁向衰敗。為了證明他們的論點，艾塞默魯和羅賓森引用吉朋的看法，認為羅馬在放棄共和體制那一刻起，就推動了漫長但是停不下來的歷史巨輪，步上帝國瓦解之路。

吉朋的《羅馬帝國衰亡史》在美國格外受到注目並不讓人意外。自從美國採用共和制以來，其知識分子就常自詡為羅馬的傳人，常以羅馬帝國史為借鏡。從吉朋提出的帝國內衰的模型當中各種元素，他們會依據各自想要表述的目的採用吉朋的觀點，並衍生出了一整個產業。有些評論家會將重點放在經濟失敗上，其他人則重視道德敗壞的問題，但是不論如何，他們都會一致強調：從根本來說，內在因素是導致帝國瓦解的主因。吉朋所述的羅馬歷史是段偉大的故事，文筆也很優美，光是為了吉朋的散文之美，就仍然會有許多人閱讀。此外，這套書歷史悠久，任何教過書的人都知道，對大多數學生而言，先入為主的印象往往根深柢固難以改變。但是，它必須要改變。在過去五十年裡，人們開始留意一套對於羅馬歷史的新詮釋。

犁具與陶片

一九五〇年代，一位法國考古學家在敘利亞北部的一個小角落有了驚人發現。他發現的是來自羅馬帝國晚期的富裕農民遺骸，推測來自四到六世紀間，這些遺骸散布於山區。當時該區建築多採用當地的石灰岩作為建材，這意味著這些農民的石造房舍許多仍屹立不搖，有些還留有銘刻著年份的銘文。在帝國其他地區，農民通常會蓋木造或是泥造建築，難以禁受歲月摧殘，因此這項發現有其獨特地位。若照吉朋提出的標準模型來看，羅馬帝國晚期該地不應該還有如此富裕的農民。既然他們都不堪重稅而放任農地荒廢，那麼鄉野地帶又怎麼會如此繁榮？

那十年間，文化歷史學家也開始另闢蹊徑，動搖了吉朋對於基督教信仰的指控。在他們的檢視下，其中有些吉朋的說法堪稱玩笑話。若從基督教作為組織宗教的歷史來看，自從君士坦丁大帝（Emperor Constantine）開始，十字軍東征、宗教法庭、強制皈依，光是這些就可以推知所謂基督教過度鼓勵的和平主義，因而動搖羅馬的帝國主義的說法，頂多就只是吉朋開的惡劣玩笑罷了。自從史學家在一九五〇年代開始進行更詳盡且平衡的調查，我們就可以清楚看到，與其說是基督教破壞古典文化的和諧，不如說是將之導向更精采的新方向。在四世紀到五世紀之間，基督教結合聖經和古典文化元素，演化出具有活力且創新的合成體，而宗教分歧所帶來的問題則是被過度誇大了。在帝國領地大幅擴張時，教會結構促成新型的文化統一性，而不論是實踐層面還是理論層面，羅馬皇帝都很快就成為教會結構中的領袖。另外將教會人士視為「閒散人口」的理論同樣也沒有多少說服力。省級的羅馬鄉紳很快就占據教會中的高階職位，這些人既要領導教會儀式，還要負責維護現有的社會與政治秩序，總體而言，他們與羅馬地主階級的菁英比起來，「閒散」程度不相上下。實際上，各色神職人員很大程度上是國家運作體制的一部分，而不是意圖顛覆的敵對文化代表。

在新的學術研究下，就連羅馬政府晚期作為一個失敗的專制國家的形象也有所動搖。一九六四年，戰時擔任過英國公職人員的古代史學家瓊斯（A. H. M. Jones）出版一篇針對羅馬帝國的運作機制所做的詳盡分析，戳破傳統說法中的一大矛盾之處。羅馬帝國的官僚體制在四世紀時確實有擴張，但是相對而言，規模仍然太小，當時羅馬領地一路從蘇格蘭延伸到伊拉克，即便擴張後仍不足以嚴密控制龐大的羅馬世界。事實上，就連擴張的過程都不是掌握在帝國中心手上，而是羅馬各行省的菁英自行要求設立新職位，進而推動整個官僚體制的擴張。我們在第二章會深入探討這點。原本乍看之下像是專制政府擴張中央權力的過程，事實上是帝國既有的統治階級為了將他們過去用來爭權奪利的手段，轉移到新的社會政治環境下的結果。確實，這樣的發展有其意義存在，但稱不上是能夠明顯預示出帝國官僚體制瓦解的發展。對於舊時認定的典型羅馬衰退模型來說，以上這些發現都是重大修正，但光是這些發現仍屬零星觀點，不足以建立起另一套羅馬歷史。一九七〇年代，一項革命性的重大發現將這些觀點串連在一起，徹底改變了羅馬帝國的模型，而這要歸功於一個重要的事實：人類的笨拙無所不在。

陶器破損時會有兩個特性：凡遭笨拙的人們摔破，基本上或多或少會失去其用途，然而，陶器的碎片卻能夠久存。有別於會隨時間崩壞的木材和泥磚，陶器碎片最後常被遺留在原址，為多年後的我們留下房屋及村莊的相關資訊。正因為人類自古以來都很笨拙，我們有機會藉此完全揭開羅馬經濟發展的宏觀歷史。然而，要取得這些資訊需要先突破兩個技術限制。首先，要能夠追溯陶片的年代。我們向來知道，羅馬的餐具（考古學家稱之為「器皿」）以及雙耳細頸瓶（amphorae）的設計都會隨著時代改變，但是研究者得先要在同一處找到足夠的碎片，才能夠精準地依照年份重建出設計演變的過程。再者，他們必須能從地表上找到的陶器密度來推測地底是否有遺址存在。到了一九七〇年代，由於現代犁田技術發展，翻土的程度變得更深，埋藏已久的陶片得以重見天日，這兩個問題都迎刃而解。

然而，現實中的考古往往不像《法櫃奇兵》（*Indiana Jones*）那樣刺激有趣。後續二十年間，一批又一批的老師和學生們翻遍羅馬帝國每個角落，他們會在面前設下一平方公尺的調查區域，然後盡可能從中拾起任何找得到的陶器碎片。接著全都放進標籤好的塑膠袋裡面。接著再前進一公尺，再來一次。就這樣周而復始，直到整個調查區域翻完或是適合調查的季節結束為止。接下來，整個冬天都會用來分析這些碎片。不難想像，如此大規模的農村調查少說要花十年以上才能完成。但是考古學家最大的特長就是耐心，整個一九七〇年代到一九八〇年代，廣大的舊羅馬世界到處都是提著整袋古物的考古學家。

過程雖然無趣，但是調查結果卻很驚人。羅馬帝國的疆土遼闊，不僅僅是在地圖上看來很大，實際上，更要考慮到古時候一切都比現在慢上二十倍，至少在陸地上肯定如此，畢竟當時的交通工具是步行、推車或是騎馬。真正要計算距離，得要以一個人從起點到終點需要花費的時間來算，而不單是以度量單位去算，所以，就羅馬帝國而言，兩點之間實際上的體感距離，比現在還要遠二十倍，換言之，整個羅馬帝國的地幅比現在大上二十倍。然而，調查結果出爐發現，即便羅馬帝國幅員廣闊，卻不單只是敘利亞北部的石灰岩山區，整個羅馬世界的農村地帶都在四世紀達到顛峰時期，而那是羅馬瀕臨政治瓦解的前夕。出乎意料地，英格蘭南部、高盧北部以及高盧南部、西班牙、北非、土耳其和中東地區，全都有著類似的調查結果。農村人口、農村密度以及農業總產量都在帝國晚期達到最高峰。而且，既然羅馬帝國非常依賴農業經濟，這也就無疑代表著整個羅馬的帝國總產值（Gross Imperial Product），也就是整個羅馬世界的經濟總產出量，想必在四世紀時達到前所未有的歷史新高。

這是個令人難以置信的新發現。調查中出土的陶片數量超乎想像，而這個龐大且持續擴張的資料集，顯示出羅馬的宏觀經濟發展軌跡和過去那套走向衰落的說法正好相反。結果，靠著數以噸計的全新鐵證，讓人不得不重新審視原先的舊有觀念中那份相較之下受限許多的條件清單。

在進一步審視後，學者發現「荒廢農地」其實是指該土地農產量不足以達到課稅等級的術語。更重要的是，這些「土地」可能根本就不是「農地」。紀念石碑數量減少相較之下確實是比較重要的歷史現象，但是同樣地，我們進一步審視後發現，它並不足以作為經濟衰退的明確指標。到三世紀中葉為止，帝國各個角落的上層階級都把時間花在地方的權力鬥爭上，試圖爭取議會的大筆預算。石碑上記載的贈予紀錄，在地方預算的政治競爭上是一大利器。但是在三世紀中葉，帝國中央收回了這些預算

（詳情後續我們會再討論），地方政治競爭的動機也就此消滅。對於野心勃勃的各行省地主來說，當帝國將預算收回口袋後，權力遊戲就轉移到如何加入快速擴張的帝國官僚體制上。各行省地主依照新的遊戲規則改變了生活方式，轉投入昂貴的法學教育（就像三九九年由律師轉任執政官的狄奧多魯斯一樣），律師取代了鄉紳，成為新的成功之路。在新環境下，自然就失去不少花大錢銘刻石碑來記錄自己有多慷慨的動機。至於稅制方面的問題，別忘了一個很基本的關鍵：深入的歷史比較調查顯示，縱觀古今諸多人類社會，無一例外地普遍認為政府課稅過重。羅馬晚期的稅賦帶來的民怨並不算特別嚴重，而在新的考古證據下顯示出的農村生活榮景，更清楚顯示他們不太可能是在過度苛刻的財政下受苦。惡性通貨膨脹確實有發生，但是通膨帶來的影響遠比過去想像的來得小。確實，凡是以受貶值的銀幣計價的東西都會受到影響，但是羅馬大部分的富裕地主都以純貴金屬的形式儲蓄，而且最重要的是，他們手握實際的土地和農產。這些都不會受到銀幣逐漸貶值的影響，因此，有別於德國威瑪共和國的通貨膨脹事件，羅馬的惡性通貨膨脹並沒有真正衝擊到身為帝國菁英的地主階級手中的財富。

原先，通貨膨脹被視為經濟衰退的鐵證，就這樣來看卻不是如此。吉朋錯了。羅馬帝國並沒有如他所言，從二世紀的黃金時期開始就陷入緩慢而長久的衰退，邁向五世紀無可救藥的瓦解。[2]羅馬帝國在瓦解的前夕仍欣欣向榮。三九九年執政官就職典禮上，雖然克勞狄安確實是在說好話給當時聘任他的政權聽，也是說給自己聽，但演說內容當中稱羅馬將邁入新的黃金時期，既不是傻，也不是惡意欺瞞。到了四世紀末，著名的「羅馬和平」時期（Pax Romana）已經持續大半個世紀，由羅馬軍團征戰換來的政治、法律穩定的時期，帶來能夠讓羅馬各行省邁向繁榮數個世紀的宏觀經濟條件。

回想一九九〇年代西方世界紙醉金迷的勝利主義，再看現今槁木死灰的沮喪氣氛，其中鮮明的對比，就足以讓我們理解重新認識羅馬時代晚期的歷史可能有多大的意義。羅馬歷史給我們的第一課教訓清楚明瞭：帝國瓦解未必是長期經濟衰退帶來的結果。羅馬帝國是歐亞大陸西側有史以來最大、歷史最悠久的國家，但是羅馬帝國在達到經濟顛峰之後短短數十年內就分崩離析，不復存在。就這一點本身而言，也或許就只是隨機巧合的結果。然而，若我們進一步深入探討羅馬帝國與現代西方的漫長歷史，就會發現這絕非巧合。

2 現代知識分子當中有一派認為自由主義政權能夠創造出較具活力的經濟，他們會引用羅馬歷史來支持這套論點。然而讓艾塞默魯和羅賓森的論點感到不自在的是，羅馬帝國在放棄共和制度後依然繁榮發展。

第二章

帝國庇蔭

羅馬歷史與現代西方歷史之間，有著兩個強烈的相似之處。兩個體系都在表面上最繁盛的時期遇上危機，而且，長遠來看，這兩個體系的內部經濟與政治的主導權都經歷過週期性的轉移。

西元三七一年時，一位來自現今波爾多地區（Bordeaux）名為奧索尼烏斯（Decimius Magnus Ausonius）的基督徒詩人，以拉丁文寫出四百八十三段六步格詩，歌頌羅馬世界西北一隅的輝煌：摩澤爾河（Moselle）河谷，該處位於現今的德國境內，最終流入萊茵河。在他眼中，該地區有著精心培育的農業財富與人文底蘊：

鄉舍簷高飛揚，盤岸緣瞰河谷，碧山岳滿蔓藤，
摩澤爾歡潺過，喃低語永不息。

隨著該詩漸入主題，奧索尼烏斯開始長篇大論談起河中各種美味鮮魚（這些魚的名字讓他得以大肆炫耀自己精通拉丁文韻律）、農民生活的簡樸情趣，以及該地區莊園的壯觀景致：

萬般裝飾各形色，誰能妙手展其姿。

《摩澤爾河》詩篇屬於一種古老的拉丁文體，名為「讀畫詩」（ekphrasis），或說是長篇的「描述詩」（description），但該詩在古老的體裁下卻有著激進的潛台詞。其實，奧索尼烏斯的重點在於，摩澤爾河流域的羅馬生活非常豐富，甚至就連位於羅馬城畔的台伯河（Tiber）都「難以相提並論」。在該詩末段，奧索尼烏斯又巧妙地收回這點，以免別人說他狂妄自大，但是觀眾能從詩中其他部分清楚知道他的真實感受。雖說奧索尼烏斯的敘述，我們可能也會認為不過是詩人之情氾濫的結果。然而，從陶片得到的異常結果卻與詩中說法不謀而合。

財富流轉

四世紀時，儘管整個帝國上下都在享受黃金時期，其中當然也包含了奧索尼烏斯詩中寶貴的摩澤爾河流域，當地確實有很多羅馬晚期的富有莊園，雖說陶片調查仍發現一些特定區域在衰退。其中兩個比較容易解釋的是不列顛群島的北部地區以及比利時地區。自從三世紀受到蠻族猛烈侵襲後，這兩個地區的農村就一直沒有起色（詳情容後再述）。然而，令人費解的是，位於義大利半島的帝國中心地帶也陷入衰退。義大利半島在三世紀並沒有遭遇任何嚴重襲擊，但是該區的村落發展以及農業產量在西元前後的四百年間達到顛峰，到了三世紀和四世紀時，雖然仍稱得上穩定，但是明顯衰退到不如以往。就連帝國最遠的邊陲地帶都在蓬勃發展，為什麼原本是帝國中心的地區卻在收縮呢？要想知道答案，我們得把時間快轉一千年，分析現代西方最初是怎麼興起的。

西方世界剛邁入十一世紀時，尚未踏入現代的西方世界稱不上是什麼強大的經濟體。雖有少數維京人已經跨越大西洋抵達北美洲，但是當時的北美洲實際上沒有被納入廣義的歐洲政經網當中。來自北非和中東的穆斯林軍隊統治西班牙南部，君士坦丁堡（Constantinople）淪落成一個殘破貧弱的不肖子政權，地中海東部及南部絕大多數的財產和腹地都已經不在他們的手上。夾在他們之間的則是全球最窮困、科技落後、政治分裂、疾病肆虐的角落。然而，接下來這一千年裡，這個粗鄙的小地區將會興起成為地球霸主。

究竟是什麼導致了如此戲劇化的轉變，至今仍眾說紛紜。其中有一些是政治因素。歐洲國家當時既不太強也不太弱，正好讓企業家能夠斡旋其中，享有進行高風險投資需要的自由和穩定。同時也有一些自然因素。歐洲擁有豐富的家畜資源（早期的資本形式）、許多成本低廉的運輸航道、適合生產各種農作物的多樣地貌，所有這些條件都能夠引發並促進貨物交流。或許，還要納入一些文化因素。有些分析家認為，西方基督教強調合意婚姻，因而產生重視儲蓄的核心家庭，而普遍的道德觀以及基於信任的經濟形式，則進一步促進人們與陌生人締結契約的意願，對於長距離貿易來說有實質上的幫助。其他人則認為，由於歐洲中世紀的大學（從羅馬前身汲取經驗後）發展出私有財產的相關法律概念，成為這段進程的核心要素。

然而，不論持哪種觀點，對於後續發生的事情，各家看法所見略同。中世紀時期，科技飛速發展，像是足以充分開發黏土地區的重型犁具、更精密的輪作制度，帶來更高的農業盈餘。歐洲菁英階級手頭變得更加寬裕，奢侈品的消費亦隨之成長，而十字軍東征帶來的文化交流，使得他們對於來自東方的糖、香料和絲綢的興趣大增。同時，為了因應現成的東方市場的需求，發展中的歐洲經濟也開始投入生產更精緻的毛織品。隨著長途貿易的距離持續成長，沿途的市集和交易市場的網絡也隨之變得更加綿密。

其中最早且最重要的就是義大利中部和北部地區的發展，由於該地區有著適合作為地中海長途貿易出發地的地利，加上當地的地主菁英階級相對弱勢，因此貿易商變得強勢到足以主導地方的政治局勢。結果就是城邦體制（city states）興起，奠定社會、政治與法律的基礎制度幫助長途貿易發展，諸如信用與金融市場、合約履行機制、安全的海運通道，以及跨國貿易協議。義大利位於歐洲與東方貿易的十字路口上，這讓義大利的貿易商在歐洲與東方商品的進出口上有很大的控制權（尤其是在織品和小麥的貿易上）。以佛羅倫斯（Florence）、威尼斯（Venice）和熱那亞（Genoa）為首的義大利城邦興起，自十一世紀起主導著歐洲貿易。

但是，義大利核心地帶開始繁榮起來後，很快就也開始促進其他地方的發展。雖然義大利城邦主導著歐洲和東方的織品貿易，但是最好的商品產自低地諸國（Low Countries），而原物料的羊毛則大多數是從英國進口而來的。因此，在義大利貿易網的支撐下，歐洲北部的經濟開始擴張並且變得多樣化。有些位於歐洲北部的城市早在十二和十三世紀時就開始有紡織廠，尤其是法蘭德斯（Flanders），十四世紀晚期到十五世紀時，這些城市也開始與義大利貿易城市互別苗頭。由於當時義大利城邦從遠東貿易中獲取巨額利益，其他歐洲政府受到刺激，也想要分一杯羹。與其搶下由義大利城邦主導的東地中海貿易路線，臨大西洋的國家選擇跨越大西洋另闢蹊徑，希望能找到通往亞洲的新航線。在葡萄牙人與西班牙人的帶領下，歐洲人開始改良導航及造船技術，好讓他們能夠橫渡七海。途中，他們意外發現美洲航線，當時他們沒有預料到這片（對他們而言）嶄新的陸地，未來將會如何改寫歐洲命運，接下來的幾十年間，歐洲貿易仍將重心放在地中海與東方的航線上。然而，就長遠來看，隨著美洲產出的黃金白銀流入歐洲，塞滿西班牙和葡萄牙的財庫，歐洲北部的貿易商也找到通往東方的新航線，歐洲資本主義的焦點開始從義大利轉移到外側邊緣地區。

然而，西班牙和葡萄牙兩國滿手美洲帶回來的黃金白銀，實在是多到用不完，兩國都傾向於從歐洲既存的工業區進口奢侈品，並將他們賺來的盈餘存到別的國家（尤其是德國），而非用來改造自己的經濟體系。因此進一步地促進歐洲北部的成長。由於英國織品的需求大增，英國從中獲益良多，最終甚至在英吉利海峽以北催生出一場戲劇化的革命，這主要是因為當時的英格蘭議會（English Parliament）有權改變過去土地保有權的規定。[1]於是看見新商機的莊園主們請願發起圈地運動（Enclosure），驅逐原本的農民，改成飼養羊隻的牧地，供新興的紡織廠使用。當地主錢多到要找地方花的時候，就創造出投資的新資本來源，同時，圈地運動導致一整個世代的農民失去農地，淪為失業勞工，恰好為發展中的工業提供充足的廉價勞動力，讓英國在工業方面也提前起步超越其他競爭國家。到了十八世紀末，因應新環境而生的作坊遍布英國鄉間。與此同時，荷蘭、英國以及法國的航海技術也已經超越伊比利半島的國家，足以打造出自己的越洋艦隊。

隨著製造業蓬勃發展，英國的原物料需求也激增，為此他們積極開發殖民地，其中，北美殖民地很快就躍升為英國最重要的殖民地。儘管最後美國在政治上從英國獨立出來，美國仍是英國工業產品的關鍵供應來源以及消費市場，對於英國日益成長的織品工業來說，美國供應的棉花最後變得比印度還要重要。十九世紀時，英國的織品產業已經大多轉移到城市，因為城市擁有大量勞動人口，企業主能夠藉此經營更大規模的工廠，讓一批又一批的工人在飛速發明的新機器下工作。而且，此時的美國也開始效法與英國競爭的歐洲列強，採用法國、德國的策略，利用政府來扶植本土製造產業，而不是像英國那樣任由自由市場發揮。

到了十九世紀末，相較於城市人口僅占全國四分之一的法國，英國大多數人口都已經集中在城市。然而，此時過去的美洲臣民已經後來居上，美國透過搶奪原住民的土地，開拓廣闊的西部領土供殖民地開發。於是，整個十九世紀到二十世紀前期，大量移民人口湧向美國，美國人口每隔幾年就倍數成長，相較於所有歐洲國家，美國的人口成長速度都可說是遙不可及。這不僅帶來巨量的出口成長，同時也為美國成長中的工業創造出龐大的新市場。由於國內大規模的剝削以及後續引來的抗爭，美國的工資最終開始上漲。在當時的美國和歐洲，人民暴動和社會主義般的動亂都如野火般蔓延。不過，美國手上還有一個控制勞動成本的釋壓閥。因為美國尚有西部正待開發，

1 譯注：土地保有權（land tenure）是英格蘭和威爾斯在諾曼征服後發展出封建的土地保有方式。理論上所有土地均屬國王，封建土地保有可分為自由的和不自由的兩種。前者如教役保有、騎士役保有、侍君役保有、農役保有等。後者指隸農保有，隸農保有後來又改稱為公簿保有。一六六〇年騎士役保有被廢除，侍君役保有除某些情況外，均轉化為農役保有，教役保有也遭廢棄，自此，實踐中便只存在農役保有和公簿土地保有。中間領主因愈來愈無法證明自己的領主身分，而造成人民的土地所有權直接來源於國王。

對於環境不滿的人可以去西部碰碰運氣，而美國的國境大門紐約艾力斯島（Ellis Island）又總是有新的工人等著取代他們。持續不斷的成長下，美國的經濟總產量在十九世紀末一舉超越英國，踏入鍍金時期（Gilded Age）。

就這樣，西半球經濟演變的千年歷史當中，最繁榮的貿易中心的地理位置總是會週期性地移轉。資本主義的發展持續推動對於新市場、新產品以及新供應來源的需求，貿易中心也就隨之從原本的義大利北部核心地帶向外移轉。這背後的邏輯簡單明瞭：就整個西方而言，中世紀晚期到現代之間，勞力與原物料的供應量決定新興國家的整體經濟發展程度。首先是義大利北部，然後接著轉移到西班牙和葡萄牙、荷蘭、法國與英國，最後則是美國。每當有新的商機、新的原物料以及勞動力來源出現，持有資源的國家就會隨之興起，登上經濟霸主的寶座，輪流主導著高價值的出口貿易。每一次轉型過程中，即便在交通運輸改良之後會創造出新的交易網，大多數在地生產的貨物仍是用來供應當地消費所需，最多就只是供應整個區域的消費。[2]然而，真正改變繁榮中心的關鍵變數，在於不同時期的出口貿易創造出來的額外財富。

如果我們回到羅馬時代來看，現代西方興起的過程足以解釋原先神祕難解的問題：原處帝國中心地帶的義大利半島為何會衰退？就羅馬帝國而言，同樣地，直接了當的經濟邏輯，決定了經濟主導權如何從原先的帝國中心向外轉移。當時，工業生產模式對於帝國邊界繁榮與否幾乎毫無影響，因為羅馬帝國的經濟型態，本質上絕大部分還是以農業為主。西元前一世紀到西元一世紀之間，義大利半島經營著葡萄酒與橄欖油產業（還有生產一些陶器，可能也有生產穀物，雖然就考古學來說後者形同無物），這些出口產品大量向外送往新取得的歐洲領地。一段時間過後，隨著羅馬和平時期創造出適當的宏觀經濟條件，帝國其他領地的農業資源開發漸趨成熟，原先占有經濟主導地位的義大利半島產業相形見絀，尤其還要考慮到當時運輸科技還很有限，成本更是高昂。當時推車每天僅能移動最多四十公里的距離，帝國各行省之間的陸上貨運可能花上數週的時間，這與現代帝國以火車與貨船編織出的運輸網天差地遠。不僅如此，根據戴克里先皇帝（Diocletian）在三〇〇年時頒布的《限價敕令》（Prices

2　即便是今天，美國經濟大部分產出仍供國內消費，而在其境外貿易中，加拿大與墨西哥就占去大半，這套模式與過去英國、法國或荷蘭掌握美洲的時期，並沒有太大的差異。

Edict），一車小麥每過八十公里，價格就會翻倍，因為他們不僅得要餵養運輸用的牛隻，還得支付高額的通行費。在這個脈絡下，隨著被征服的領地開始建立起自己的集約農業產線後，挾著價格優勢的在地產品，就會自然而然地逼退義大利半島的進口產品。

到了羅馬帝國後期，仍有長途貿易價值的貨品只剩下無法在地生產的商品（例如葡萄酒、橄欖油這類限定於地中海地形的商品），或是價格高昂的優質奢侈品（像是稀有大理石或上等佳釀，相對於普通品質或在地生產的商品仍能保有競爭優勢）。另一種例外商品是搭上因為國家需求而得到運輸補助的順風車，通常是為了配合帝國的大都市調度食糧或軍事補給，產生這種機會（配合國家要求運送穀物、葡萄酒以及橄欖油橫跨地中海的船主，似乎有時候可以兼差順便載一些自己的貨物）。但是這些干預情況仍屬少見，以運輸成本掛帥的經濟邏輯早在此時就開始推動羅馬各行省發展，犧牲掉了義大利半島的舊有核心地帶。至於壅塞的羅馬城，自己都成了向西班牙、北非等地中海各地進口葡萄酒、橄欖油以及各種必需品的大戶。[3]

各行省發展

在這種宏觀經濟的轉變背後，是數以百萬計的個體歷史在驅動著這些轉變。詩人奧索尼烏斯就是其中之一。他自己並非出身於摩澤爾河谷的人，詩歌的開頭中，他悄然流露出一絲出身高盧（Gallic）的驕傲感：

> 摩澤爾華美，使我念故鄉，遙望此溪谷，如見波爾多，
> 鄉間景致華如畫，悉心照料處處雅。

他的家族出身難以追溯，我們只知道他出自比緹吉奧斯・維維斯奇部族（Bitigures Vivisci），早在奧索尼烏斯來到特里爾（Trier）鑑賞摩澤爾河谷的四個世紀

3 在這個時期，對埃及和羅馬近東行省所在地來說，這類型的出口主要還是輸往君士坦丁堡。

之前，該部族就被凱撒大帝征服。波爾多原先是布爾迪加拉（Burgidala）的凱爾特（Celtic）山堡，在被征服後，羅馬以波爾多為名重建為羅馬城市，由當地貴族組成的議會最終習得所有融入帝國文化必須的條件，諸如學會拉丁文、建設莊園、浴場以及神廟，並透過擔任地方公職取得羅馬公民身分。奧索尼烏斯的父親就是在這種背景下脫穎而出，在新立的帝國首都君士坦丁堡成為著名的修辭學教師。奧索尼烏斯本身也是一路從擔任教師授課晉升，直到成為當時在位的皇帝之子的私人教師，當新任的皇帝上任後，他擔任過一些國家最高等的官職，最後升上執政官。

奧索尼烏斯橫越兩代的家族成名史，建立在穩固、持續成長的農業繁榮基礎上。波爾多地區在羅馬時代就已經盛產葡萄酒，當羅馬和平盛世帶來政治與經濟的穩定後，該地區變得更加富裕。他的家族看準時機，抓緊密切參與羅馬公共生活所需的文化條件，敏銳地找到讓他們更加繁盛的最佳途徑。我們在第一章提過，到了四世紀時，參與在地的城市議會已經不再是個吸引人的選項，因為帝國已經收回過去握在議會手上的收益。最好就是像奧索尼烏斯父子，踏入擴張中的帝國體系，因為如今所有的金錢和影響力都在該體系的掌握下。奧索尼烏斯的同輩之中，有很多人要求帝國擴張官僚體制，藉此從中求得一官半職，其他人則是像狄奧多魯斯那樣走上律師之路，而奧索尼父子則是選擇透過文化品味換取家業成功的既有道路。對於羅馬菁英階級而言，羅馬有一套建立在語言與文學之上的共通文化，這套獨特的文化正是讓羅馬帝國獨步全球成為文明理性的社會的原因，因此，在追求自我提升的競爭中，熱中於學習有著強大優勢。[4]但不論是哪一條大道，與羅馬帝國體制打交道掙來的利潤，最後往往都會回頭注入各自家鄉的房產。奧索尼烏斯的學院政治路線也不例外。羅馬以農業經濟掛帥，在時局變遷時，土地是羅馬唯一穩賺不賠的投資管道。

在現代西方帝國的演進史當中，這種個人奮鬥故事同樣扮演著推波助瀾的角色。正如當年的奧索尼烏斯家族，美國著名的范德堡家族（Vanderbilt family）的起源也是眾說紛紜。十七世紀時，歐洲貿易公司熱中於收購海外殖民地，於是在荷蘭政府特許下，西印度公司（Dutch West Indies）成立。該公司創始之初，其中一項投資就是

4 這類型菁英個體的發展故事，在帝國東半部也能夠找到很多相同的案例。他們雖是以希臘語接受教育，但是意識形態上所接收到的訊息是完全相同的，並且同樣地以此為基礎，在四世紀的帝國架構當中邁向繁榮。

在曼哈頓島的南端成立貿易站，也就是後來新尼德蘭殖民政府的首都——新阿姆斯特丹（New Amsterdam）。為了維持充足的食糧補給，他們從荷蘭帶來負責開墾的農民，很快地，這些農民就發現曼哈頓東邊的長島有更加肥沃的土壤，該處就成了布羅伊克倫（Breuckelen），也就是後來的布魯克林（Brooklyn）。

眾多農民當中，有位叫作揚・艾爾特森（Jan Aertsen，原意即為「艾爾特之子」）的農民，因為他移民前來自烏特勒支的一個稱為「比爾特」（Bilt）的小村，因此也被稱為「范德比爾特」（Vanderbilt，意思是「來自比爾特」）（編按：以下統一譯為「范德堡」）。一六四〇年初來乍到時，他不過是個身無分文的十三歲小孩，他與荷蘭殖民者簽下三年勞役契約，來到殖民地工作，當契約結束後他就創立了自己的農場。他的名字從一六六一年開始出現在文書紀錄上，到了該世紀末，他們已經是長島地區頗具聲望的家族。此時，英國人接管該殖民地，並將新阿姆斯特丹更名為紐約，范德堡家族和許多荷蘭殖民者都欣然納入新的政權之下。大量新殖民者隨著英國政府而來，為了與新政府及新移民打交道，這些荷蘭家族學起英語，但除此之外，他們的生活型態沒有什麼改變。十八世紀後期，不論是商務往來還是社交往來，殖民地大多數的荷蘭裔家庭仍習慣以他們的母語來處理事務。

一七七六年美國獨立後，他們以這種靈活務實的態度，很快地再次適應新的政權。當時，艾爾特森的曾曾曾孫，第一代的康內留斯・范德堡（Cornelius Vanderbilt）才十二歲，後來，新成立的美國蒸蒸日上地發展，貿易持續擴張，他的事業也隨之擴張，他先是開始以一條小船將自家農產品運往城市，補貼一些收入。到最後他完全放下農業投入運輸業，到了一七九四年與他同名的兒子出生時，他拿家裡的錢投資升級貨船，開始做起來往城市的人員和物資運輸的工作。這場創業投資很成功，他很快就開始添購更多船隻增加運量，到了一八一二年，英國與美國再次開戰，美國沿海港口的補給線帶來更大的運量需求。後來，他開始將事業拓展到蒸汽船運輸，接著是跨大西洋的郵輪，到了十九世紀中期，他還以「准將號」（Commodore）列車跨足鐵路運輸，當聯邦政府開放美國西部地區供更多歐洲殖民者開發時，他們順勢大撈一筆。美國草原地帶要銷往歐洲的穀物堆積如山，同時，數百萬的歐洲人看準務農的機會要湧入美國，范德堡家族就此打造出他們的海運與鐵路王國。

若從一些關鍵角度來看，這兩家的家族史之間，相似處並不多。奧索尼烏斯家族是在一個經濟和科技相對停滯的時期當中，順著社會階梯一路高攀，直上青雲。羅馬體制下，每年的生產模式變化並不大，所以要從中脫穎而出的機會也有限：先得透過葡萄酒和其他農產品賺進第一桶金，接著，為了要在帝國的社交和政治網絡中攀升，就得將這筆錢用來取得必要的社會資本，最後再將賺來的利潤投入地產擴張。另一方面，以康內留斯父子為首的范德堡家族則是經歷了科技和經濟轉變最劇烈的時期，因此，他們得以在貿易模式和生產模式轉變時，看準時機踏上浪頭。但是，另一方面，就更根本的層面來看，這兩個家族的歷史實際上重複著相同的基本模式：來自偏遠行省的望族，抓準帝國帶來的機會，藉機大展鴻圖，一舉讓整個家族從此走上不同的歷史軌道。

范德堡一家和奧索尼烏斯一家並非特例，這種家族史在不同的時空背景下被複製過無數次，並且分別踏上各自的帝國歷史發展弧線，只是未必會有像他們如此成功的結果。從大不列顛到敘利亞，成千上萬在羅馬征服前（通常是）分屬各地的地方菁英，想盡辦法利用他們的地位成為體面而富裕的帝國公民，同時另外還有一批羅馬軍團的老兵和原屬義大利地區的小行政官，也開始投入到新興的省級社會結構當中。當然，正是因為這些家族日益繁榮，推動邊陲地區的地方經濟發展，並讓處於舊帝國中心的義大利地區相形失色。羅馬帝國的軍團停駐之處形成帝國的邊疆，而在這些邊疆地帶上，由外來移民以及羅馬化的當地人共同以農業創造出繁榮，支撐著整個帝國的龐大結構。

現代的西方帝國也同樣是由征服者與殖民者創造出來的，他們看準機會，利用新取得的土地、勞動力以及自然資源換取利益。相較於現代的移民規模，羅馬時期的移民規模不過是小巫見大巫。在二十世紀之交的數十年間，移民人口達到顛峰，約有五千五百萬歐洲移民湧向「新世界」。過程中，分別有其推力與拉力。其中，推力來自於歐洲各帝國鑿開的新土地，而拉力則來自歐洲內部，勞動力供應量激增加上科技變革，迫使人民離開歐洲尋求新機會。

由於醫療科技的進步，尤其是疫苗接種的普及以及公共衛生設施改善，西方人的預期壽命大幅提升，特別是從一八七〇年開始，兒童死亡率大幅下降。（參見附圖）德國的嬰兒死亡率在十九世紀中期曾高達百分之五十，然後在數十年間急遽下降，其他歐洲國家亦然，雖然其他國家相較之下起始點較低，但是也曾達到百分之三十左右

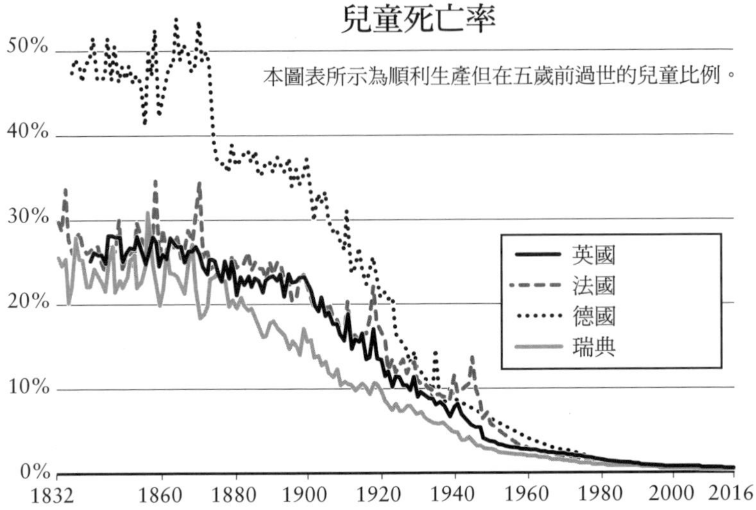

資料來源：蓋普曼德基金會（Gapminder, 2017）、聯合國兒童死亡率估算機構間小組（UN IGME, 2018）

的可怕數字。但是，雖然死亡率降低了，平均家戶規模要過好幾代才會開始下降。結果就變成一個人口統計史上非比尋常的時期：歐洲人在全球人口中所占的比例大幅上升。原本歐洲人僅占全球人口的百分之十五，到了第一次世界大戰時，地球上每四個人就有一個人是歐洲人（後來才再退回到百分之十五）。就在同一時期，受到農業科技改良的影響，人們開始能夠採用更加集約的耕種方式，農業勞動力的需求也大幅減少。不僅如此，像是南歐一帶傳統農業與新的大型農場並存的地方，隨著代代相傳的土地劃分，農場平均規模也持續縮小。結果，即便是持有地產的人，手上的土地都未必夠他們過活。種種條件下，開發殖民地就變成難以抗拒的誘惑。

當時，美國與加拿大這些剛獨立的國家仍屬於經濟相對落後的地區，亟欲加快腳步追上歐洲列強的發展，因此，他們不僅向帝國的核心地帶招手，也向任何擁有豐沛勞動力的歐洲地區示好，尤其是南歐以及東歐地區。來自這些地方的移民者當中，有些人跟隨著范德堡家族的步伐，從一無所有的殖民者開始白手起家，建立起龐大的事業，像是奧本海默家族（Oppenheimers）、卡內基家族（Carnegies）、洛克斐勒家族（Rockefellers）以及布朗夫曼家族（Bronfmans）。到了十九世紀末時，世界上最富有的家族不再是歐洲王室或英國工業豪門，而是靠著橫跨大西洋致富的新興富豪。不僅如此，如同早先的奧索尼烏斯家族，這些家族豪門經常會與歐洲貴族來場聯姻（范德堡家族就是如此），藉此取得能夠配得上他們的財富的階級地位，以凱旋之姿回到舊有的帝國中心，彰顯他們的崛起。有鑑於當時歐洲貴族的主要財富來源還是農業，往往面臨著經濟相對衰退的困境，這樣的安排對雙方來說可謂各取所需。

大多數移民並沒有那麼幸運，能夠取得大規模的財富和社會地位的移民仍是少數，此外還有很多人根本就是非自願移民。十六到十七世紀之間，推測有一千二百萬非洲人在跨大西洋奴隸貿易中，被逼上船運到美洲的農場種植甘蔗與棉花。其中更不知道有多少人根本沒能成功踏上美洲的土地。這段駭人且漫長的人口遷移史，從此改變美洲的經濟發展軌跡，進而改變了整個世界。但是，無論自願與否，這種程度的大規模人類遷徙，意味著原本在帝國邊陲的偏遠行省，其繁榮的程度終於超越原本的核心地帶。從這些個別的家族史當中，我們可以更深入理解為何帝國繁榮中心會在幾世紀間轉移，當我們進一步詳讀奧索尼烏斯的《摩澤爾河》，就能找出這個過程當中的關鍵之處。

兩大西方帝國

古代的文學作品，通常很難立刻受到歡迎，但是《摩澤爾河》是個有趣的特例。此詩一出，立刻引起出身貴族的元老院議員敘馬庫斯（Quintus Aurelius Symmachus）撰文抗議。抗議重點是：奧索尼烏斯沒有把作品寄給他。敘馬庫斯表示，他很欣賞這篇作品，雖然他還是針對奧索尼烏斯提到那麼多魚稍微開了點玩笑。（「儘管我常是您的座上嘉賓，對於餐桌上眾多美食感到驚豔……但我從來沒見過你提到的這些魚。」）但是，欣賞歸欣賞，他卻不得不在巡視羅馬時，借別人的抄本一睹他的文采。若進一步深究，就會很清楚發現，敘馬庫斯沒有收到抄本這件事並非一時疏忽。

該詩發表前兩年，敘馬庫斯曾率領元老院的使節團前往位於摩澤爾河谷的特里爾市，當時該市正是瓦倫提尼安一世（Valentinian I）的西羅馬帝國宮廷所在之處。敘馬庫斯也就是在那認識奧索尼烏斯，與他共進晚餐（大概就是魚料理不那麼驚豔的那一餐）。使節團造訪期間，他在西羅馬帝國宮廷上主講數次講座，講座內容只有部分片段流傳下來。即便如此，這些片段當中有一段很值得深究。敘馬庫斯對於羅馬帝國的西北邊境的看法，與奧索尼烏斯的《摩澤爾河》所見大不相同。敘馬庫斯並沒有專注在深埋於該區的羅馬特質，而是將重點放在保護作為帝國文明中心的台伯河（亦即「羅馬」）時，「半野蠻的萊茵河」所扮演的角色。兩相比較之下，就能看出奧索尼烏斯這首詩真正的意義：《摩澤爾河》是他身為一個自傲的外省高盧人，寫給來自羅馬居高臨下的顯貴們看的。不難想像，在特里爾的宮廷上，奧索尼烏斯的版本比敘馬庫斯的演講要來得更受歡迎許多。於是，敘馬庫斯被貶為「三等爵」（count third class），逐出使節團並遣送回羅馬。（三等爵這個稱號聽起來已經夠糟了，更甚之，由於是帝國給予他的封號，若他隱而不宣就會被視為叛國，敘馬庫斯從此一輩子都得自稱三等爵，以彰顯自己一事無成的事實。）同時，奧索尼烏斯則是在三七〇年間以皇家師範的身分畢業，晉升為國家高等官員，最後在三七九年榮登執政官。從奧索尼烏斯與敘馬庫斯之間這場耐人玩味的交鋒當中，我們就可以看到比較羅馬帝國與現代西方時的關鍵視角：政治發展的問題。

帝國往往是以征服者的姿態崛起的，羅馬也不例外。那些脖子上架著刀納入羅馬正式統治的省分，不僅大多數在統治初期就會先經歷殘酷的武力壓制，後續也都至少經歷過一場大規模叛亂。比方說，西元六〇年時，布狄卡（Boudicca）就旋風般摧毀克爾切斯特（Colchester）、聖奧本斯（St Albans）、倫敦，羅馬第九軍團的部分軍隊當然也受到重創。但是這些叛亂通常都會是發生在羅馬統治初期，即納入羅馬帝國版圖的數十年內，一段時間過後，各行省的政治地位就會變得截然不同，而像是奧索尼烏斯這種菁英階級的政治地位也會隨之翻身。正如奧索尼烏斯和敘馬庫斯的交鋒呈現出來的結果，受到征服的省分在經濟上取得優勢地位後，從根本上產生變革的政治局勢也必相伴而來。打從二世紀開始，帝國名義上是由羅馬統治的統一實體，但是由於其龐大規模以及未充分發展的通訊系統，首都對於邊陲地區的控制力愈來愈受限。到了帝國晚期，維繫著龐大的帝國結構的不再是一個強勢的中心專制體系，而是更為強大的替代品：以各行省的地主形成廣義的新統治階級為基礎，以他們共有的文化價值觀，建立起的一套共同金融與法律結構。

到了三九九年時，在帝國統治四百年的薰陶下，過去被羅馬征服的臣民早已適應羅馬軍團開闢出來的新世界。如果初期你想要在這個巨大的結構中取得任何進展，首先你必須要取得羅馬的公民身分並加入帝國崇拜的行列，對於行省菁英來說，這兩者都需要重新塑造自身形象，好接近崇高的帝國文化。到了四世紀時，最賺錢的職涯就是像奧索尼烏斯那樣加入帝國公職的行列，因此，官僚體制的大幅擴張是因應各行省的需求而生，而不是為了設計出一個極權的官僚體制。過程中，外省菁英要邁向成功，絕對都得花上一大筆錢買張昂貴的入場券，才能踏入帝國的希臘羅馬文化規範當中。到了四世紀，從哈德良長城（Hadrian’s Wall）到幼發拉底河（Euphrates），所有外省菁英都全心全意地採用征服者所用的拉丁文、城市風格、長袍裝扮和生活哲學。就連基督教都在融入階級文化的過程中順勢傳播，而且，正如奧索尼烏斯和敘馬庫斯之間的政爭展現出來的那樣，如今凡是揮舞著文明的大旗，即便出身波爾多的外省官員，也能以拉丁文學來給貴族元老好好上一堂課。

起初被羅馬征服的外邦，如今已經成為一個以共通的稅制結構來維持軍隊運作的西歐亞聯邦（western Eurasian commonwealth）。而這支軍隊衛戍著整座帝國大殿，靠著這座殿堂的法律結構，外省菁英們得以定義並維繫他們的榮景，共享著透過教育灌輸而來的道德和倫理優越感。此時的羅馬帝國甚至不再是以羅馬為中心在運作，因為羅馬距離關鍵前線實在太遙遠：歐洲前線在萊茵河和多瑙河流域，波斯那側則還有幼發拉底河要顧。這是個「內外顛倒的帝國」（inside-out empire），倚靠接近前線的新興政治經濟中心運作著帝國。即使是出於現實因素必須界定帝國疆域，政治上也仍將帝國分為兩半來管轄，東半部由君士坦丁堡掌控，西半部則是義大利北部的特里爾或米蘭，唯有這樣才能讓帝國作為一個法律上和文化上的統一實體存續下去。當狄奧多魯斯晉任執政官時，羅馬還是個偉大的教育、文化以及象徵上的中心，但也僅止於此。如同四世紀的一位評論家曾說的，羅馬是個「聖地」，只是「偏遠難及」。

羅馬帝國的歷史帶給我們的第二堂課則是個平實但深刻的教訓。帝國不是靜態的實體，不是由一些「事物」構成的。帝國是由一套以經濟和政治整合形成的動態體系。因此，任何長治久安的帝國都必須與時俱進，隨著整個體系中的不同元素互相影響變動下，適時改變體系的整體結構。因此，經濟權力的所在位置有重大變化時，很快就會伴隨著相對的政治影響力變革。

我們能夠就這點來看現代西方帝國的演變。即便是那些否認「現代西方帝國」存在的人（畢竟我們在談的不是個透過連年征服組成，或由一個大都市為核心組織起來的單一實體），他們也無法否認下列這點：整體而言，西方經濟的成長是連貫的，到了一九九九年，西方經濟體加總起來的生產總值在全球占去極大的比例。當時，西方國家集團在全球占有的主導地位乃是建立在貿易、資本流動與人口遷移的深層內部經濟整合的基礎上，即便過程中有時會經歷激烈的競爭衝突（例如人類史上第一次稱得上是全球衝突的事件就是十八世紀英法兩國的系列戰爭）。在大量來自舊有的歐洲帝國中心的移民幫助下，創造出他們的後繼者——現代美國。因此，從美國與歐洲菁英通婚的過程中、美國模仿歐洲文化模式的行為，都會毫不意外地彰顯出兩者有著重要的共同牽絆與價值觀。當范德堡捐贈建立一所最終將以他為名的學院，就把最能代表歐洲高雅文化的頂點，也就是大學體制移植到了美國，而該院的入學條件就是能夠流利地使用拉丁文和希臘文。

最終，這套共通的帝國文化就成為現代版本的「拉丁文、城市風格與長袍裝扮」，正式彰顯在法律、金融與制度上，宛如是要重現四世紀時，各行省菁英興起，在內外顛覆的羅馬帝國體系中取得經濟與政治主導地位一樣。二次大戰後，美國曾經有一段期間大權在握，足以管束爭論不休的盟友，並在美國的主導下創立一系列的機構——聯合國、世界銀行和國際貨幣基金組織、北大西洋公約組織、關稅及貿易總協定、經濟合作暨發展組織、七大工業國組織，這些機構都體現出西方政府在全球占有的主導地位以及它們共同信奉的原則：市場、自由、民主、國家主權和多邊秩序。儘管各自在國家模式細節上各有想法（尤其是在政府服務以及外交政策上），西方國家仍圍繞著一套共同的價值觀而團結在一起，使得他們能夠維持高度的合作關係。有如古代的羅馬帝國，在這個合作關係之上，靠的是美國的強勢軍事力量在監督，確保即便是在最邊陲的地區也能維持相同的連貫性和穩定性。

如果能夠將這兩個西方帝國正確地理解成持久、持續演變的帝國體系，那麼其中的政治演變就不會像乍看之下那樣不同。羅馬帝國是靠著征服建立起來的，但是隨著時代演變，羅馬帝國透過共同的金融、文化和法律結構，演變成稱霸全球（以當時的理解來說）的聯邦。而現代的西方帝國則是激烈的內部衝突交織而成，但是到了一九九九年時，已經走上大致相同的結局：一個具有重要共同價值觀的自我認同群體，以一套共同的法律和金融機構運作。

羅馬歷史與現代西方歷史之間，有著兩個強烈的相似之處。兩個體系都在表面上最繁盛的時期遇上危機，而且，長遠來看，這兩個體系的內部經濟與政治的主導權都經歷過週期性的轉移。這些相似之處絕非偶然。當我們將注意力看向帝國之外的地方，危機會在根深柢固的帝國體系最繁榮的時期出現，其原因顯而易見，因為帝國體系不會受到名義上的疆界所限制而停止運作。當帝國攀升時，周遭世界也會隨之水漲船高。但是在這個過程中，他們就會不經意地改變他們所處的地緣戰略環境，並因此埋下自身滅亡的種子。

第三章

萊茵河東，多瑙河北

現代帝國當中，殖民地的地位相當於羅馬時期的外部省分，這些地方足以讓像是奧索尼烏斯這樣的家族，隨著時間發展慢慢融入帝國體系，最後得以完全參與在帝國的經濟、文化及政治結構之中。

約西元三〇年前後，一位名為塞昆烏斯（Gargilius Secundus）的羅馬商人買了頭牛。這其實不過是筆稀鬆平常的小交易，如果羅馬的歐洲前線曾有這筆交易，就意味著曾有過無數次相似的交易。賣他牛的牛販名為史泰洛斯（Stelos），來自萊茵河以東的法蘭內克（Franeker），現在該地為荷蘭的小鎮。對當時的羅馬人而言，來自境外的史泰洛斯屬於「蠻族」（barbarians），亦即沒有文化的次等人種。這筆交易價值一百一十五納姆銀幣（nummi），帳目被刻在木製蠟板上留存，後來沉落河底，最後在荷蘭被打撈出土。西元前後各一世紀間，大量羅馬士兵駐紮萊茵河前線，伴隨而來的是前所未有的龐大經濟需求，像是萊茵河西北角的卡納內菲特（Canaifates）就有二萬二千名羅馬士兵，這片征服而來的領地，原本僅有一萬四千名原住民。軍團建設及烹飪需要消耗大量像是糧草、木料、皮革等資源，當地住民根本無法應付如此龐大的需求。據估算，每五千人的軍團每天就需要大約七噸半穀物、四百五十公斤飼料，也就是每月需要二百二十五噸穀物、十三噸半飼料。有些軍團有直接來自帝國中央的補給，但這仍是穀物每搬運八十公里價格就會翻倍的年代，面對後勤上的諸多考驗，要維持補給線十分困難。因此，只要情況許可，若能直接與在地供應商購買補給，相較之下自然方便許多。塞昆烏斯這筆交易還有兩名百夫長作證，表示他應該就是提供軍隊補給。

西元九年，條頓堡森林戰役（Battle of the Teutoburg Forest）後，面對阿米尼烏斯（Arminius）領軍的日耳曼蠻族聯軍，瓦盧斯（Varus）將軍以及他所率領的三個羅馬軍團吞下敗仗，於是，部分受到羅馬征服的地區藉此取回政治獨立，羅馬向萊茵河以東的擴張也就緩了下來。更南邊一些，東西走向的多瑙河也很快地形成一道相似的邊界線，到了一世紀中期，這兩條河流的弧線成為了各行省在經濟與文化上快速發展的地理邊界，最終造就出奧索尼烏斯一輩的人。但是，伴隨龐大的羅馬帝國體制而來的經濟變革，並沒有因為邊界而止步，只不過發展強度稍低一些。

大羅馬帝國體系為周遭帶來兩種商機。首先，不論境內外，邊界周遭的人都能像史泰洛斯那樣與軍團交易，從中獲利。另一種則是經營長途貿易網絡，這種機會就會一路延伸到遙遠的歐洲中部。其中，最為人所知的莫過於琥珀貿易，琥珀是遠古林地遭到淹沒，凝固的樹液埋藏許久後，成了當時地中海世界眼中的珍貴寶石。被沖上波羅的海南部的海岸後，這些琥珀會經由特定路線向南運往多瑙河邊界上的幾個貿易站。此外，人力的需求也沒有停過。雖然羅馬軍團的主力成員是由羅馬公民組成，但是軍隊中另一半的成員是由非公民的輔助軍團（auxiliaries）組成的，這些成員的招募來源就不受邊境限制。根據記載，很多接受徵召的境外成員就此安居羅馬世界，但也有許多人在退役之後返鄉。在自願性的人口流動之外，當時還有一套完整的奴隸貿易網。有別於維京人在西元八〇〇、九〇〇年主導的奴隸貿易有留下完整的歷史紀錄，關於羅馬時期究竟是哪些人在從事奴隸貿易，現存的歷史資料當中並沒有詳細記載，我們也不清楚究竟受害者是從歐洲的哪些地區來的。但我們可以知道的是，羅馬世界的嬰兒死亡率很高（五歲前的嬰幼兒有五成的死亡率）、人口密度又低，家奴和額外的農工勞動力需求始終居高不下。

近期，對於現代西方的分析模式，乃是分析個人生活情況的改變趨勢，探討經濟刺激帶來的影響，然而，由於我們所知的資料有限，我們難以對羅馬時期的帝國經濟進行這種分析。但是，近幾十年來，更廣泛的考古狀況呈現出驚人的結果。第一世紀之初，歐洲大致上可以分為明顯發展不均的三大區域。萊茵河以西與多瑙河以南的地區有著規模最大的居地，人口也最為稠密，這個地區呈現出較具生產力的農業科技以及較為複雜的交流網絡。歐洲中北部的第二個地區在該區以東，一路延伸到位於現代波蘭的維斯瓦河（Vistula），這個地區的農業維持在可以勉強支撐低密度人口的基本水準，居地較小、較為臨時，幾乎沒有任何交流的跡象。其中部分居地能夠維持超過一到兩代的人為建築就只有墓地，在當時主流的農業經濟模式下，該地區的地力貧乏，沒有任何田地擁有足以維持長期居地的地力，因此，對當地社群來說，唯一能夠長久存在的集散地就是埋葬人們的地點，於是，幾個世紀以來，墓地的空間就成為拿來廣泛利用的空間，也成為各種社交聚會的場所。歐洲的第三層外緣地帶位於維斯瓦河和喀爾巴阡山脈（Carpathian mountains）之外，該地區草木蔥鬱，仍僅維持更簡單的農業型態，人口密度更低，完全沒有任何與本地以外的交流跡象。

揭露歐洲格局之後，我們就能夠確立以下兩點：首先，這解釋了為何羅馬擴張止步於此。有如古代中國的研究所呈現的，凡是農業生產模式仍以依賴耕地為主時，只要新領地的潛在生產力剛好與征服的成本打平時，帝國就會停止繼續擴張。在這種開發模式下，成本效益打平就會停下來的擴張公式大致上成立，但是出於擴張帝國野心，軍隊會再進一步推到略超過淨收益線的地區。就羅馬而言，部分資料顯示，當克勞狄一世（Claudius）在西元四三年派遣四個軍團跨越英吉利海峽時，就有評論認為英倫群島並不值得征服。與其說瓦盧斯吞下敗仗讓軍團止步於萊茵河（羅馬在後續十年間就已雪恥），不如說是因為萊茵河和易北河（Elbe）之間的地區相對貧困的狀態才是主因。其次，更重要的是，綜觀大局，我們就得以描繪出在帝國中心地帶持續產出的經濟需求之下，這三、四百年間引發的變革規模。

羅馬人或許始終認為周遭不過是無可救藥的蠻邦，但實際上一場重大變革正蓄勢待發。緊鄰羅馬邊界的地帶到了四世紀已經大幅轉變，原先歐洲中北部的第二區域上盛行那種勉強餬口的農業型態，逐漸轉為更具生產力的農耕體制，該區變得更重視穀類作物，因為就每公頃農地產出的食物量而言，種植穀物的產量通常遠高於畜牧。這場迷你農業革命讓人口大幅上升，帶來了更大規模、更穩定的居地，也帶來穩健的農產盈餘，進一步將現金和羅馬貨品帶入邊境地帶。自從一世紀晚期開始，這塊仍處於鐵器時代的中歐地區，首次開始出現大規模的永久性聚落。由於此區的經濟與羅馬帝國密切相關，到四世紀時，羅馬貨幣在邊界地帶已經成為日常貨幣，就連日耳曼部落也會採用羅馬貨幣，像是多瑙河下游的哥德—特爾溫吉部落（Gothic Tervingi）以及萊茵河上游的阿勒曼尼部落（Alamanni）。從這條由羅馬防禦邊線向外推超過一百公里的地帶，能夠在歷史遺址中發現大量來自羅馬的舶來品，尤其是葡萄酒和橄欖油，當然還有各種日常用品。甚至，有些地方的手工藝品的生產和貿易規模也開始小幅擴張。隨著輪軸技術引入，部分地區的陶藝產業隨之茁壯，同時，邊疆地帶還發展出有別於羅馬的全新玻璃產業，服務邊境之外的需求。這兩個產業的發展顯然都依循著羅馬的先例，甚至有些是直接偷學羅馬的專業技術。從歷史文獻中我們也能得知，即便是難以留下考古證據的隱形出口產業，像是食品、牲畜以及勞動力，在四世紀時仍持續由邊境朝向羅馬輸出，並有著一定程度的重要性。在蠻族主導的歐洲特定地區，鐵礦產量也急遽增加，部分也是服務羅馬的需求。

在這場宏觀經濟轉型背後，有無數像史泰洛斯這樣的小規模革新者及創業家，他們應對著由軍團帶來前所未有的龐大需求產生的經濟機遇，開創出更加集約的農業生產模式，最終不論邊境內外都受到影響。由於個別交易紀錄的主要載體常是木料或是紙草，難以長久保存，所以這些個人成功故事通常難以流傳，但是從整體來看，考古證據確實提供了驚人的材料，反映出新的財富不僅流入羅馬，同時也流入邊境外的非羅馬社會，這些社會當中也產生出新的致富模式。我們也可以清楚知道，這份財富並非雨露均霑，核心地帶和邊陲地帶得到的仍有所差異。而過去認為，一世紀初期由日耳曼語系的部族所主導歐洲第二區，普遍擁有平等的社會體制，這一點不過是老舊的民族主義神話。新的財富帶來的整體影響，不僅加劇了普遍存在的社會階級差異，而且很可能還創造出新的階級。根據習俗，鄰近邊疆地帶的菁英下葬時會穿著他們生前的衣飾和寶石陪葬，隨著時間推移，這些銀製陪葬品漸漸愈來愈多是採用由羅馬的第納里銀幣重鑄而成的。

從地理層面來看，與羅馬的帝國主義進行經濟接觸帶來的變遷效應也稱不上平等。就我們所知，歐洲的第三區，維斯瓦河東側和北側以及喀爾巴阡山脈地帶，由於距離羅馬邊界十分遙遠，這些變遷完全無法觸及該區。這些地區幾乎完全找不到來自羅馬的舶來品，就我們所有的歷史資料來看，也沒有描述到任何人口數據上的變動（儘管有些奴隸網仍有可能遠涉重山來到第三區物色受害者）。在未經高度技術的鑑定下，一般來說也不太可能鑑別出該地區的遺骸年份是屬於西元前五百年還是後五百年。在羅馬興衰的這一整個千年當中，第三區幾乎沒有任何實質變化。

就整個羅馬邊界的發展故事而言，與核心地帶的距離就是關鍵。正如預期，到了四世紀，在物流運輸緩慢且昂貴的前提下，整個第二區中，社會經濟變革最密集的證據都限於較為接近帝國周遭的內緣區域，寬度僅稍超過一百公里，這些地區的在地居民可以有效把握由帝國所帶來的經濟機會。從帝國邊疆向外推展數百公里，介於內緣區域到與世隔絕的第三區域世界之間的地區，發展出外緣區域。外緣區域仍有來自羅馬的舶來品，但是相較於內緣區域數量較少，而且在該區域的產物當中，可能只有較為昂貴的奢侈品值得長途運輸，例如琥珀、勞動人力，因為該區域距離前線太遠，無法進到軍團的補給物資網。即便如此，光是能夠與帝國有所接觸，就足以留下可見的效果。最近就有個有趣的發現，波羅的海南側腹地發現了數百公里長的堤道和公路，這些建於西元初期的路徑，大概就是為了支撐並控制蓬勃發展的琥珀貿易所建（也有可能是奴隸貿易，但是我們無從確知）。最初人們認為這些路線可能是接近西元一〇〇〇年晚期的斯拉夫人（Slavic）所建，但是根據年輪學分析（即透過樹木的年輪判定年代），進一步確定了這些建設源自羅馬時期。這項道路工程浩大，清楚反映出其聯繫的貿易點之間的交流網，有著很高的整體價值。

羅馬帝國的勢力從地中海沿岸經由陸路向外擴張，因為陸路也是羅馬唯一能將大軍送往全球其他地區的有效手段。這也就意味著，初期派兵征服後創造出來的羅馬帝國體系也受到同樣的限制，若要維持長期運作自然會產生出這種相對單純的地理格局。在西元前後的兩世紀內，羅馬一路向外征服擴張，直到征服成本昂貴到不值得再繼續推進為止。在這條線內的領地開始緩慢地朝向成為正式的省級領地邁進，與此同時，在這條線外，人們和帝國接觸的機會變多，足以支撐起更密集的經濟交流網，最終形成內緣區域。內緣區域之外則是外緣區域，由於距離遙遠，除了值得長途運輸的奢侈品外，其餘產物不足以滿足帝國的需求。再向外推進到維斯瓦河之外，有著另一個世界，即與羅馬體系沒有任何明確接觸的化外之地。

相較之下，現代的西方帝國主義則是滲入全球的每個角落。靠著先進的海事與鐵路運量帶來的力量，現代西方打造出了龐大的帝國網絡，創造出複雜許多的地理格局。然而，若進一步仔細檢視其中盤根錯節的經濟結構，現代西方帝國運作的方式其實與古代羅馬帝國如出一轍。

「我們掌握著廣袤無疆的盛世帝國」

一八五三年，一名來自印度納夫沙里（Navsari）的少年，毅然離開古吉拉特市（Gujarati），啟程前往孟買（Bombay，現稱Mumbai），為的是要加入他父親的行列。過去，塔塔家族（Tatas）世世代代都是納夫沙里的祆教祭司，但是，十九世紀上半葉時，奴塞爾萬吉・塔塔（Nusserwanji Tata）打破家族慣例，前往孟買創立一間小型出口貿易公司。他的兒子賈姆希德吉・塔塔（Jamsetji Tata）也就在孟買接受英語教育，就讀一所新創辦的學校，該校即為現今的埃爾芬斯通學院（Iphinstone College）。當時處於英國統治下的這座城市正欣欣向榮。孟買管轄區（Bombay Presidency，東印度公司的地區總部）就設在此地，他們致力改善整個地區的交通連結，孟買港因此成為大英帝國的重要交易樞紐而快速擴張。第一次鴉片戰爭（First Opium War, 1839-1842）後，眼見英國取得了幾個中國港口的控制權，老塔塔就野心勃勃地想要將鴉片從印度的摩臘婆區（Malwa）銷往中國。

印度民族起義（Indian Mutiny against British）兩年後，一八五九年，英國政府已經接管東印度公司滿一年，小塔塔剛滿二十歲。他畢業後就被送去香港，很快地，他就把香港的棉花貿易經營得有聲有色，棉花貿易的收入甚至超過鴉片，並且說服老塔塔改變經營重心。他們怎麼也沒料想到，當一八六一年美國內戰（American Civil War）爆發時，這將為他們帶來的始料未及的高額利潤，由於聯邦軍封鎖了南方邦聯軍的港口，原先供應英國工廠的美國棉花頓時陷入枯竭，印度棉花和織品出口價格暴漲，孟買相關產業收益成長三倍。這筆突如其來的戰爭財，使得印度紡織公司的股價水漲船高，進而釋出大筆的投機資金。

小塔塔再次提槍上陣，搭上滿載棉花原料的船前往英國，很快地，他就和蘭開夏郡（Lancashire）的紡織工廠主打好關係。接著，小塔塔也從他們身上進一步深入了解棉花產業的製造層面。他有著孟買的商業俱樂部所啟發的商業頭腦，孟買的商業俱樂部與加爾各答（Calcutta）有著截然不同的風氣，他們很歡迎印度本地商人加入，使得跨越種族藩籬的雙向實務知識交流更加順暢。倫敦的祆教社群同時也有在達達拜・納奧羅吉家族（Dadabhai Naoroji）的私人俱樂部聚會的習慣，納奧羅吉是引領印度民族主義的知識分子，後來成為印度國民大會黨（Indian National Congress Party）的創黨成員之一。從納奧羅吉身上，小塔塔學到經營人脈（以及維持良好的政商關係）能為商業成功帶來的重要價值。回到孟買後，小塔塔也成立了自己的俱樂部，從此成為一項父傳子繼的家族傳統。

到了一八六九年，小塔塔認為自己已經充分了解織品產業，於是他滿懷信心地買下一間瀕臨破產的榨油廠，該廠位於孟買南方欽奇波克利（Chinchpokli）。他將榨油廠改為棉織廠，轉虧為盈後，轉手又將該廠賣掉，換來了一筆可觀的利潤。從此，塔塔家族踏上他們漫長且大獲成功的紡織大業（而不再僅是輸出棉花原料）。小塔塔多次成功地投資獲利後，手上有著寬裕的資金，同時還精通從蘭開夏學來的生產技術，更透過混聘印度和英國員工，大幅提升了這套生產技術的熟練度。於是，他踏出了下一步，在那格浦爾市（Nagpur）創建了一座巨大的綜合紡織廠。該市鄰近棉花和煤礦的供應來源，同時地價便宜，還有能夠方便將貨物運往孟買的鐵路。靠著將貨物銷往帝國各個角落，塔塔家族的生意如雨後春筍般快速成長，達到年平均百分之二十的獲利。後續的兩代則將塔塔家族的企業推向多角化經營，他們涉足鋼鐵業、工程運輸產業、水力發電、石化產業、旅宿業、印刷業、保險業、水泥業以及航空業（他們創立了後來的印度航空）。

自進入現代時期後，歐洲帝國的足跡踏遍全球，所到之處都會帶來商機，而許多像塔塔家族這樣的人就抓緊機會跟著起飛。眾多歐洲帝國當中，規模最大的無疑是大英帝國。在加拿大於一八九八年發行的聖誕節紀念郵票上（如附圖），將大英帝國的領地以紅色標示在世界地圖上，其龐大的領土覆蓋了全球近四分之一的陸地面積。不過，

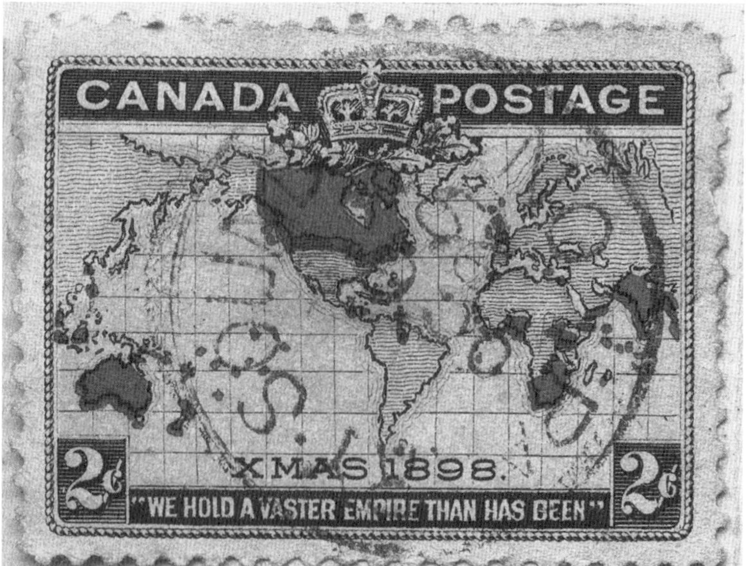

英國也非獨領風騷，同一時期的法國郵票也能以法國領地將全球染成面積相當的遍地藍天，這還不包含荷蘭、西班牙以及葡萄牙的舊領地，或是由新進場的美國、德國、比利時以及義大利等國新取得的領地。

塔塔家族的成功所道出的故事，有如重演羅馬帝國周遭的非羅馬人民的故事，只不過其中有些顯然不同的差異，而這張郵票就道出了現代西方的帝國大廈與其前身的羅馬帝國之間最顯著的差異：規模。現代西方帝國主義遍及全球，不僅大部分地區都在西方帝國的直接統治之下，幾乎所有地區都難免以某種形式納入現代西方帝國的經濟貿易網當中。不論怎麼看，二十世紀時地球上確實仍有帝國體系無法觸及的角落，像是亞馬遜內陸、巴布亞新幾內亞的高地、中亞的部分地帶，即便如此，西方經濟霸權的觸手仍已遍及全球，達到過去難以想像的覆蓋程度。相較之下，羅馬的帝國主義還是區域性的，地中海以及大部分臨海的腹地受到羅馬帝國直接控制，從中北歐到烏克蘭一帶的大片領地則是或多或少參與羅馬的貿易網。但是，若考慮到相對的移動速度，這項顯而易見的差異就會被抵銷。就其最長的對角線而言，羅馬帝國直接統治的範圍延伸達到五千公里之遙。有鑑於古代移動速度緩慢，經由陸地移動相較於現在僅有二十分之一的速度，換算下來羅馬帝國的疆土就相當於一個綿延超過十萬公里的國家，若以地球周長四萬公里來算，相當於能繞上地球兩圈半。所以，當時的羅馬帝國也堪稱全球霸主，其規模與現代的西方列國不相上下。

第二項明顯的差異在於，羅馬帝國是由地中海盆地的眾多腹地連在一起，形成一片蒼穹萬里的龐大領土，相較之下，現代的西方帝國霸權則是由遍布全球大大小小的領地連接而成。然而，若是進一步分析，我們可以再次發現，這兩套體系在實務運作方式上有著更深一層的相似性。舊殖民地的地圖（以及郵票）上那些紅藍斑點，很容易造成嚴重誤解。乍看之下，塔塔家族和范德堡家族之間有著異曲同工之妙，主要差別僅在於後者起步年代較早：小塔塔剛踏入棉花產業時，范德堡已經躋身世界首富的行列。然而，這兩個家族史之間的差異，比起年代差異更深遠。

單從標示在地圖和郵票上的領地上看來，相同的顏色似乎暗示著整個帝國的屬地有著相同的地位。既然同樣都標示成紅色，想必意味著大英帝國對諸多領地一視同仁；法國的藍色亦是如此。實際上卻不盡然。直到二次大戰爆發前，現代西方大國的外省及其周遭的整合狀況，其實與羅馬世界於西元前後三世紀間的內外情勢十分相似。在地圖上的紅藍色塊之下，依照參與帝國體系的程度可以分為三種層級：完全整合的省分、大致上整合的內緣地區，以及整合程度低上許多的外緣地區。

外省領地與其周遭之間的關係

現代帝國當中，殖民地的地位相當於羅馬時期的外部省分，這些地方足以讓像是奧索尼烏斯這樣的家族，隨著時間發展慢慢融入帝國體系，最後得以完全參與在帝國的經濟、文化及政治結構之中。殖民地的主要人口是以結合暴力、談判與疾病的一套過程來到這裡的殖民者，許多源自歐洲的文化以及制度結構，最後也就隨著他們來到殖民地。於是，不論殖民地的地理位置在哪，實際上都成為西方帝國擴張後的核心地帶。其中范德堡家族所在的北美洲就是最顯而易見的範例，原本僅是外省社群的北美殖民地，在二十世紀初已經大幅崛起而成為廣義的西方帝國當中的經濟主力。但其實不僅北美殖民地，大英帝國所謂的「白人自治領」（White Dominions）都落入這一類的範疇，包含美國在內，還有加拿大、澳洲以及紐西蘭。在二十世紀初期，這些成為自治體的地方加總下來的人均生產總額，已經超過作為母國的大英帝國。相較之下，其他歐洲帝國向殖民地輸出的歐洲人口較少，不足以創造出能夠讓殖民地起飛的財富，他們的殖民地也就無法進入相似的長期軌道，因而沒有成為二十世紀現代帝國的核心成員。例外的是，法國的新法蘭西（New France）、阿卡迪亞（Acadia）以及路易斯安那（Louisiana）殖民地曾有過這樣的潛力，但是他們大多數在十八世紀也都算是在英國統治之下，而且他們最後都成為了加拿大或美國的一部分。[1]

到了二十世紀，在擴張後的帝國中心之外，還有一層帝國周遭地帶。其組成與過去古代的情況相似，可以依據和帝國直接貿易的相對價值，分為內緣和外緣。就羅馬帝國而言，由於交流方式大多仰賴陸路，「內緣」和「外緣」同時可以視為地理上的描述。內緣區域單純就是比較接近帝國的邊界地帶：從邊境線向外推伸一百公里的區域即為內緣，屬於負責協助補給羅馬軍團，並且藉此換取大量的日常用品的地區。乍看之下，現代西方的帝國體系看來截然不同。因為現代西方帝國的領地是透過海運以及（日漸成長的）鐵路連接在一起的，許多經濟上屬於內緣的貿易夥伴，在地理上與西方帝國中心地帶的實際物理距離，可能會比外緣還要遙遠。例如，在帝國的貿易網當中，印度次大陸以及遠東的部分地區扮演著比非洲還要重要許多的角色，即便物理上非洲距離歐洲比較近。但是，若改以實際旅行所需的時間進行更精準的計算，而非僅以絕對的物理距離來計算，你就會發現，一九二〇年代到一九三〇年代間的西方帝國的發展情況，實際上就與羅馬時期別無兩樣。事實上，若以船隻或火車旅行，現代西方帝國的內緣地帶比外緣地帶更接近歐洲的核心地帶。

因此，現實中，比起地圖上的紅藍色塊，二十世紀初帝國的船運和鐵路時刻表更能準確地反映內緣地帶的特點。在某種程度上，內緣地帶由官方設立的西方殖民地組成，更確切地說，是由這些殖民地中的特定產區所構成。印度的棉花、南非的黃金、

1 拉丁美洲在西方帝國體系當中占有異常的地位。一些原屬於西班牙和葡萄牙的殖民地確實有出現大規模歐裔移民聚落，但是即便是在十九世紀初贏得獨立後，這些地方也從未像英國的白人自治領那樣，在開發中的西方帝國體系內晉升到完整的省級地位。就像是西班牙和葡萄牙本身的情況一樣，這些殖民地由菁英地產階級掌握的農業創造出來的財富主導。引領獨立運動的是在地的地主階級，獨立後他們也沒打算推翻這套讓他們建立起優勢地位的經濟模型。結果，拉丁美洲的菁英始終置身於新興的西方資本主義文化之外，後者專注於開放市場、個人自由與民主體制，而這些菁英所統治的領地，在新興的帝國體系中頂多就只能躋身到內緣地帶。

英屬東非的茶和咖啡、遠東的橡膠、加勒比海的蔗糖，都是西方急需的商品，而且很多是在正式帝國控制下生產的。除此之外，仍有部分在政治上保有獨立不受帝國直接管轄的內緣地帶，即便如此，這些地區的經濟活動仍有一大部分是以滿足帝國的需求為導向。在一些地區，這種經濟整合始於武力，例如日本和中國從未成為正式的殖民地，但在十九世紀時，西方列強經常以武力迫使軍事上較弱的國家屈服，透過「砲艦外交」（gunboat diplomacy）強制開放他們的市場和自然資源。

這兩種不同屬性的腹地，若從船運和鐵路的路線來定義，都屬於內緣地帶。二十世紀初的幾十年內，連接全球的港口網就已經建構成形，其中每座港口都坐落在能夠取得搶手貨物的戰略位置上。起初，這些港口是透過內河航運系統與其腹地連接，但是，到了十九世紀下半，密集且便利的鐵路系統快速發展，承載了大部分的運量（正因如此，小塔塔才能夠將棉織廠設在孟買郊外）。

就和羅馬時期一樣，現代的內緣地帶與核心地帶的貿易總額（以比例來說）超越外緣地帶，創造出足以觸動重大的社會經濟變革的新財富。這其中有些是由受到眾多的致富機會吸引的歐洲移民所推動的。大多數情況下，這些人會集中在各大城市的商業及行政中心，尤其又以歐洲人占領的限定區域為主，例如肯亞的白色高地（White Highlands）或是西印度群島與荷屬東印度群島（Dutch East Indies）的種植園。但是，有別於一路攀升到取得完整外省階級的殖民地，這種內緣地帶的歐裔移民始終都只占當地總人口的一小部分。

內緣地帶大部分生產工作由當地的原住民負擔，這些人有時是受價格與商機所吸引，進而投入到帝國的出口經濟當中。他們是現代的史泰洛斯，不僅僅是塔塔父子這種鼎鼎大名的人，還有被眾人所遺忘的數百萬無名小卒，只有他們的家人還會記得有過這些為尋找新機會而遷往內緣地帶的人。此外還有一批更加不幸的原住民，他們則是別無選擇。許多殖民政權都曾實施強迫勞動法，透過強迫勞動來補足建構公共設施的勞動力，拿來建設鐵路和公路，有時也會用以補足歐洲農場所需的勞動力（像是法屬西非殖民地就曾這樣做）。當然還有奴隸制度，有很長一段時間南北美洲的種植園經濟就建立在奴隸制度上，即便正式廢除奴隸制後，奴隸制仍以各種其他名義持續存在，像是比屬剛果（Belgian Congo）的橡膠種植園。殖民地還會訂立必須以帝國的官方貨幣繳納的稅制，這也會迫使生產者配合帝國市場導向發展。荷屬東印度群島就曾施行這種稅制，藉此建立種植園區，而在英屬和法屬的非洲殖民地，則是透過棚屋稅和人頭稅來應付殖民地管理的行政開銷，同時還能藉此鞏固帝國貨幣的地位（因為所有稅收都會存入殖民母國成立的中央銀行）。

長期下來，自願與非自願的經濟參與形成強而有力的組合，大大地改變整個內緣地帶的人口分布和財富分配。除了讓許多歐洲人和少數本地商人（像是塔塔家族那樣）發家致富之外，在兩次世界大戰的戰間期，還能明顯看出一項更大的結構性影響：人口遷移。在十九世紀中葉的印度，像是孟買這樣的城市，人口每十年就會翻倍，大量勞動人口流入其腹地的棉花與鴉片製造產業。這些效果普遍呈現在整個內緣地帶，像是帝制中國和日本的通商港口、阿爾及利亞的法屬殖民地、加勒比海的種植園殖民地，愈來愈多人朝著沿岸港口遷移，或是朝能夠連接到內陸生產區域的河流或鐵路交通網遷移。

相較之下，外緣地帶與核心地帶的經濟體系之間的直接貿易量就比較低。由於缺乏帝國生產者渴求的資源或市場，或是缺乏能夠讓帝國管理者大規模種植出口作物的生態環境，即便是歸於正式殖民統治下，外緣地帶的交通基礎設施也吸引不到同等的投資，因此在地理上仍維持相對孤立的狀態。就算他們所在之處在地圖上被標成同等的紅色或藍色，絕大多數外緣地帶居民，平時幾乎都碰不到白人。儘管如此，隨著帝國的貿易網日漸強勢，許多生活在外緣地帶的人仍會發現他們的生活面臨著實質上的改變。

由於對歐洲和北美的出口貿易不便，內陸城鎮往往會日漸荒蕪。原本位於跨撒哈拉貿易路線上的廷巴克圖（Timbuktu）就是個極端的案例，該地原先是個富裕且人口稠密的轉口港，但隨著公路與鐵路發展，法國的貿易路線也隨之轉變，廷巴克圖從此沒落，變得幾乎毫無生機。原本位處巨大的貿易網絡樞紐、輝煌一時的廷巴克圖，如今卻淪為西方諺語中形容「偏遠遙不可及」的用語。更概括而言，就算外緣地帶的農業生產者沒有被內緣地帶吸引過去，有時他們仍要供應作物給內緣地帶的消費者，尤其是當內緣地帶的產業轉型到出口農業，甚至完全放棄農業的時候，內緣地帶就會失去糧食自給的能力，仰賴外緣地帶的作物。以這種方式參與帝國經濟的外緣地帶包含上伏塔（Upper Volta）或是馬利（Mali）這種殖民領地，名義上維持獨立的保護國，像是不丹（Bhutan）和賴索托（Lesotho）等地，甚至還包含印度或中國內陸的大片領土，這些地方在第二次世界大戰前的社會和經濟組織都沒有受到多大的影響，實際上都算是在帝國的外緣地帶。不丹和英屬印度有著少量的交流，上伏塔、馬利和賴索托則有大量勞動力朝向鄰近的農場和礦場移動，而這些產地則與全球經濟密切相連。有時候，外緣地帶的總產出和人均收入確實會因為這種貿易而有所成長，但是，整體來說仍遠不及內緣地帶的成長速率，而內緣地帶的增幅又低於外部省分。

就結果而言，截至一九三九年為止，不論內緣地帶還是外緣地帶，這些地方的社會所經歷的經濟轉型，大多數都比起西方帝國的外部省分來得較為緩慢許多。實際上，這三個地區的邊界可能是浮動不定的，而且未必與地圖上的邊界相符。同一個轄區內的不同地區就可能分屬內緣和外緣，比方說以中國和印度來看就很明顯。南非則大概可以說是集帝國體系下的三種元素在一身：以白人為主的殖民地和主要城市形成核心的省籍地帶、由部分礦區和出口農業產區構成的內緣地帶、以提供儲備的勞動力為主的外緣地帶，最後南非外緣地帶就在一九四八年之後形成南非的種族隔離區經濟（apartheid economy）。然而，就如同羅馬與其鄰近地區的案例一樣，不論參與程度如何，只要與帝國經濟整合，就會對所有人帶來革命性的變革。

在某些情況下，整體衝擊會是嚴重的負面影響。中國被迫向西方列強打開大門後，中國經濟大開倒車。整個十九世紀發展下來，英國的人均收入成長到兩倍，中國卻掉到原本的十分之一。即便中國境內仍有少數人能在十九世紀末期到二十世紀初期發家致富，但是就整體而言，中國整個世紀都面臨著危機。但是不論對內緣地帶還是外緣地帶的宏觀經濟來說，這種絕對性的衰退都不是正常的結果。相較之下，印度就比較接近典型的結果。印度的內外緣地帶經濟都持續成長，只不過，比起帝國體系下的核心省分，印度的成長步調較為緩慢。經濟成長的過程帶來嶄新的機會，凡是塔塔家族這種精明且有能力的人都能把握良機發大財，但是就整個經濟體而言，印度仍落入殖民母國之後，英國東印度公司的權貴徹底地洗劫他們的新財產，拿得動的金銀財寶都被他們洗劫一空，送往他們的個人金庫（最後都堆到了他們英國老家的大豪宅裡面）。然而，即便本土的工商階級發展、改寫主流人口與生產模式的分布都受到限制，周遭地帶的經濟長期持續成長背後有著更加重大的意義。當財富重新分配時，任何重大的經濟變革長久下來必然會導致政治上的變革，即便不是當下立竿見影也是如此。

第四章

金錢的力量

邊陲地帶的發展限制了帝國行使霸權的範疇，但是並未因此扭轉乾坤……羅馬改良了帝國行使霸權的手法，後來許多人也跟進，多年過去，二十世紀到來時，這套手法再次浮上檯面。

一九七三年九月十一日清晨，一輛車疾馳在智利首都聖地牙哥街頭。當天稍早，智利總統阿言德（Salvador Allende）接到一通電話，警告他海軍即將在瓦爾帕萊索市（Valparaiso）發動政變。為確認現況，他聯絡了軍隊指揮部，皮諾契特（Augusto Pinochet）將軍表示會進行調查並回電告知結果。接下來幾分鐘卻是一片寂靜，那一刻，阿言德總統理解到：皮諾契特恐怕是不打算再回電了。政變在即，為了警告他的盟友，阿言德跳上車衝向總統府。

阿言德總統企圖將智利打造為社會主義烏托邦，但是他走上的道路，打從一開始就是條顛簸不平的險路。一九七〇年他贏下總統大選時，僅僅獲得三分之一的選票。根據智利的選舉制度，這足以讓他獲得總統職位，然而，面對僅有少數支持的殘酷國會，他得到的授權相當薄弱。他接下經濟動盪的智利，當時智利雖然稱不上是病入膏肓，但也沒有多少資源讓他打造心目中的社會主義聖地，智利面臨著持續的高通膨，經濟雖有穩定成長但沒有明顯起色。為了開啟產業轉型，阿言德上任後最初的計畫就是大手筆地花錢，換取短暫的經濟繁榮，但是到了一九七三年，智利經濟開始擱淺。生產力下降、通膨高漲、輪番罷工，排隊買麵包的隊伍愈來愈長。儘管局勢緊繃，國內不滿情緒持續上升，但是智利的軍方人員仍堅持傳統的專業精神，沒有像其他拉丁美洲國家的軍閥們那樣出面干政。最後皮諾契特是在美國的支持下才發動政變。

時任美國總統的尼克森（Richard Nixon）痛恨一切有關共產黨的事物，就算以美國總統來說，尼克森都算是特例。一九六〇年代末期，前任智利政府發起一項劇烈的社會改革計畫，其中包含大規模土地重分配，並將一間美國擁有的銅業公司納為部分國有。這考驗著尼克森的耐性，但是只要智利仍站在西方陣線，華府就會笑笑地忍耐下去。然而，阿言德卻非要去踩紅線。他不僅更進一步推動完全國有化，也沒有給美方任何補償，還威脅要帶著智利投向蘇聯陣營。對華府來說，是可忍，孰不可忍。古巴在一九五九年革命後投向共產陣營，美國仍對此耿耿於懷，絕不會容忍自家後院再出第二個共產國家。白宮發起祕密行動，包含私下資助反阿言德的政治人物以及媒體、向智利軍方施壓（並找出智利軍方支持這項行動的官員）、並鼓勵聖地牙哥的當權者們響應政變，白宮明確表態希望看到阿言德下台。

最後，阿言德還親手把軍權交給皮諾契特，殊不知自己就此走上了末路。皮諾契特從此接掌智利長達十七年。美國中央情報局以祕密作戰，迅速地推動智利軍事政變推翻了阿言德的政權，雖然該行為讓全世界的自由主義者同感憤慨，但是，尼克森政府這麼做，卻仍屬於西方帝國權力的既定範疇之內。第二次世界大戰後，十九世紀末到二十世紀初西方帝國慣用的砲艦外交退場，讓位給了新型態的支配模式。因為很多開發中國家在經濟上都得依賴新的西方帝國，因此，帝國的領導者可以採取較為隱蔽的侵入手法來施加其龐大的影響力，其中又以美國為最。他們有著許多對付頑固不化的政府用的手段：切斷援助、阻斷貿易談判、扶持其國內政敵、對其領導人實施旅行制裁、凍結銀行帳戶。若這些都不管用，最後殺手鐧就是像智利那樣，透過祕密行動來推舉比較聽話的政權上台。阿言德不過是西方帝國對周遭國家發起這種手段的眾多對象之一，同樣遭到毒手的還有伊朗的摩薩台（Mohammad Mossadegh）或是瓜地馬拉的阿本斯（Jacobo Arbenz），他們都是因為走上過於堅定的立場，威脅到西方霸權而被推翻。在殺雞儆猴的氣氛下，其他國家亦不願與西方為敵，他們不僅會收起任何敵意，甚至會成為可靠的盟友或代理人，藉此積極爭取西方庇蔭，例如菲律賓的馬可仕（Ferdinand Marcos）和薩伊共和國（Zaire，剛果民主共和國的前身）的塞科（Mobutu Sese Seko）。這一切都與羅馬帝國晚期用以控制其內緣地帶的手法如出一轍。

羅馬境外的兩大霸主：克諾多馬留斯與馬克里亞努斯

西元一世紀到三世紀間，羅馬的萊茵河與多瑙河前線外，人們逐漸習慣運用手上的新財富來進口各種羅馬的貨品。貿易為他們帶來新財富，但這並非他們的唯一財源。幾個世紀以來，成千上萬人為羅馬軍隊效力後，帶著畢生積蓄和退役獎金光榮返鄉。社會階級更高一層的人，則是會有來自羅馬皇帝的外交津貼，凡是願意以羅馬利益至上，統治自有邊境地帶的附庸國國王就能收到這筆津貼。根據歷史資料，這些被稱為「年禮」的禮物，有時會是精美服飾、異國美食，也有時會以現金支付，這些國王可能會將這些禮物再轉送給其他人，進一步鞏固自己的政權。在較不官方的經濟模式下，透過私掠賺錢也是很普遍的現象（有時很可能還是陽奉陰違的附庸國國王批准的，他們完全可能大玩兩面手法）。儘管羅馬經濟持續向境外擴張（見第三章），但羅馬世界始終比起周遭的蠻族所處的邊陲地帶先進許多，在利欲熏心的人眼中，物產豐富齊全的羅馬領地有著莫大的吸引力，尤其是對於內緣地帶的人而言更是如此，畢竟要跨越邊界其實不是什麼難事。一九六七年，人們在羅馬古城斯派爾（Speyer）附近開採萊茵河的砂石時，發現一批從羅馬莊園掠奪而來的戰利品。三世紀末期一群掠奪者洗劫莊園後，將戰利品裝上推車，並試著利用小船將這些推車運回境外。但是他們在回程途中遭遇不幸，很可能是被羅馬的巡邏船擊沉。這些推車裡面有高達七百公斤的贓物，其中包含掠奪者拿得動的任何金屬製品：不僅有餐廳裡的銀盤，還有一堆鍋碗瓢盆，包含五十一個大鍋、二十五個碗和盆以及二十個鐵勺，更別提還有莊園裡面的所有農具。羅馬境外的金屬一直都處在短缺狀態，凡是羅馬的金屬製品，不論是要直接利用，或是回收重鑄，反正過了邊境都能物盡其用，只要搶得到就總會派得上用場。到了四世紀時，不論是以和平手段還是強搶豪奪，從羅馬身上獲取財富的各種交流手段都已經密集成長三百年之久，為羅馬的鄰國帶來顯而易見的改革效應。

西元三五七年時，在現今的史特拉斯堡（Strasbourg）附近，一支由阿勒曼尼聯盟（Alamannic confederation）組成的武裝部隊，野心勃勃地挑戰時任「西凱撒」

（Western Caesar，即為副皇帝）的尤利安（Julian）率領的羅馬軍隊，率領著阿勒曼尼武裝部隊的是名為克諾多馬留斯（Chnodomarius）的聯盟霸主。阿勒曼尼聯軍占據的領地就在萊茵河上游和多瑙河上游一帶，緊鄰著羅馬邊界，由一派地方王公統治，而克諾多馬留斯則是在他們之上建立起自己的霸權。三五〇年代初期，克諾多馬留斯利用帝國內戰的機會，推展自己的擴張計畫，趁機奪取羅馬一側的一塊土地。戰號吹響時，克諾多馬留斯軍有著三萬五千人的軍力，而尤利安則率領著一萬三千人的羅馬軍隊，但是兩軍交鋒之下，阿勒曼尼人慘敗。阿勒曼尼人的首領和隨扈皆遭到俘虜，六千人戰死沙場，許多人還是在奮力游回萊茵河對岸時被砍死的。據載，羅馬僅折損二百四十七人。身為西凱撒的尤利安一戰成名，就算被當成四百年前的凱撒大帝本人再世也不為過。西元前一世紀中葉，凱撒大帝就曾撰寫《高盧戰記》（*Commentarii de Bello Gallico*），第一手記載高盧戰爭的戰役，書中寫滿了各種壓倒性的對戰過程，當時羅馬的敵人也同樣遭到血洗。然而，四世紀這場戰役清楚展現出羅馬境外的世界已經大不相同。

若是在西元前一世紀，敵對聯盟吃下這麼大一場敗仗，必將全面潰散。像是西元前五八年，凱撒大帝領軍擊垮曾是羅馬盟軍的斯維比部族（Suebic）的阿里奧維斯圖斯王（Ariovistus）之後，斯維比聯盟徹底瓦解，聯軍領袖從此杳無音訊。在那個年代，日耳曼部族聯軍即便是吹響勝利號角，仍難免分崩離析。在先前提過的條頓堡森林戰役中，切魯斯基（Cheruscian）酋長阿米尼烏斯組了一支驍勇善戰的聯軍，在西元九年時襲擊並摧毀了三個羅馬軍團，連同輔助部隊在內，一共擊潰超過二萬人的羅馬大軍。雖然他取得驚人的戰果，但他的聯盟仍很快就四分五裂，他本人也慘遭背叛，遇刺身亡。普遍來說，早期日耳曼語系世界的政治局勢並不穩定，這其中的道理很簡單。這些人占領的是歐洲中北部地帶（西元初期的歐洲勢力圖中的第二區），西元前一世紀時，這個狹小擁擠的地區就有約五十到六十個不同的政治單位。僧多粥少之下，每個單位的規模都不大，其中許多也不是由強而有力的領袖集中統治（即「國王」），而是採用較為鬆散的酋長議會（councils of chieftains）的方式共治。這反映在該區普遍的經濟狀況都維持在開發不足的狀態上，同時也意味著不太可能從中建立起大規模、穩定的政治權力機構。他們雖然還是能夠結盟，但是只要短期目標達成，不論成敗與否，往往都會各自分道揚鑣。

然而，到了四世紀中葉，即便史特拉斯堡戰役慘敗告終，也難以動搖阿勒曼尼聯盟，他們很快就在政治上重整旗鼓，準備好再次迎戰。不出十年，三六四年的沙隆戰役（battle of Chalons）上，另一批羅馬軍隊再次遭遇大規模的阿勒曼尼部隊。羅馬再次取勝，只是，這次羅馬的損傷較為慘重：羅馬折損了一千一百名士兵。而且即便如此，阿勒曼尼聯盟仍然存在，在那個十年的後半，新一代的霸主崛起，名為馬克里亞努斯（Macrianus），他很快就成為羅馬軍隊和外交上的眼中釘。羅馬軍隊要應付的還不只是阿勒曼尼聯盟而已。羅馬東側另一端，另一個大規模政治聯盟在多瑙河河口一帶崛起。領導該聯盟的是哥德—特爾溫吉人，他們控制著緊鄰著羅馬防線外的地區。特爾溫吉人在三一〇年間崛起，直到三三二年慘敗於君士坦丁大帝之手。然而，他們同樣沒有因為戰敗就鳥獸散。特爾溫吉人即便在統治王朝的領導者換過一輪後，仍在該地區保有強勢地位。羅馬晚期，整個內緣地帶都明顯經歷過相似的轉變。西元前一世紀所記載那些錯綜複雜的酋長和議會關係，如今已經讓位給數量較少、規模更大的政治聯盟，相較之下，這些聯盟的中央領導階層擁有的權力大上許多。

一般認為，這是因為幾世紀間內緣地帶持續不斷地與羅馬帝國交流，互動過程帶來變革，進一步累積出新財富並擴大人口規模，政治局勢進而趨向穩定。但是，歷史證據也顯示，除了這種互動外，羅馬帝國在某些方面還以更具體的手段來推動政治轉型。到了四世紀，每一個古老的日耳曼語系分支當中，凡是在羅馬的歐陸邊境占有主導地位的團體，其領袖的稱號都已經由過去意味著「合意領袖」的聯盟共主稱號，改為軍事領袖的稱號。也就是說，過去被稱為「人民領袖」（leader of the people）的稱號的領袖們，此時全都改稱「戰團領帥」（warband leader）。我們有充分的理由相信這並非巧合。

一九九五年，一群來自丹麥的工人在什勒斯維希（Schleswig）北部的艾思博摩斯（Ejsbøl Mose）開挖排水溝時，在某個小區塊挖出一批數量驚人的歷史遺物，足足有高達六百件金屬製品。接下來，考古學家花了九年開挖這片占地一千七百平方公尺的地區，從過去是池塘的範圍裡，他們辨識出數個不同的遺址。其中規模最大的遺址中，他們挖出整套來自西元三〇〇年的裝備。這些遺物來自一支裝備精良的軍事部隊，有約二百名槍兵（他們找到一百九十三個帶勾標槍的槍頭，另外還有一百八十七個長槍的槍尖），其中可能有三分之一的人還有佩劍（六十三條佩劍用的腰帶，另外還有六十把佩劍、六十二把小刀）。起初，他們只知道自己挖掘到前所未有的大規模羅馬古劍遺物，實際上背後的故事還不僅於此。進一步研究後發現，雖然有些劍是從羅馬進口的，但是大多數出自當地工匠之手，推測是直接複製羅馬製造商的設計打造出來的。

其他類似遺址也有相同現象，根據這項發現可以清楚知道，與帝國接觸帶來的新財富並非雨露均霑地平均分配到內緣地帶的人們手上。相反地，這筆財富和先進的軍事科技集中在長期與帝國接觸互動的特定團體手中。不論是羅馬給的外交補助、運輸貨物的用路費、為羅馬服役的薪俸、（透過武力強搶的）奴隸貿易換取的利潤，甚至跨境私掠得來的戰利品——這些新財富全都不成比例地被掌握穩健的軍事實力的人一把撈走，這種現象尤其集中在內緣地帶，但是某種程度上來說，外緣地帶也不例外。透過雇傭更多戰士、添購更好的裝備，他們獲得了自己提升軍事實力的手段。

這些軍事發展凸顯出歐洲中北部社會現存的一些特徵。當初羅馬找上門時，這角落仍是羅馬人口中的野蠻歐洲（barbarian Europe），原本就是個武力至上的地區，完全談不上什麼平等。但是，羅馬流入的新財富提供特定領袖一套新機制，透過內部競爭和長期軍備競賽，他們打造出更穩健的權力結構，從四世紀時羅馬面對的軍事聯盟就可以清楚看到，他們的規模變得更大、更加持久。有時候，這場競爭會帶來血淋淋的下場。艾思博摩斯挖出的這批裝備，全都是在被破壞後才丟入湖中的：研究人員合理推斷，這是場儀式性的獻祭，或許象徵著這些裝備的原主人也遭遇了同樣的命運。但在其他情況下，或許更常見的狀況是，競爭性的對壘導致新的聯盟從中誕生，其中較弱的一方須臣服於公認較為強大的一方。

這其中道理很簡單。歷史記載的所有新聯盟，都是由原先各自為政的軍事領袖之間組成的聯盟。組成聯盟關係能夠讓地位較低者維持中介的權力地位，能夠保有直接控制自己手下的軍事組織的權力。儘管如此，整體來說這仍有著戲劇化的影響。在羅馬周遭，最有機會透過與羅馬帝國接觸帶來的變革，獲取來自羅馬的新財富和先進軍事裝備的外圍集團，推動了軍事化和政治集權的進程，兩者相輔相成。最終導致第四世紀的羅馬帝國與內緣地帶之間的關係大幅改變，羅馬漸漸不再採用早期那套以軍事輾壓為主的砲艦外交策略。

新聯盟在三世紀中葉開始嶄露頭角，靠著侵略性十足的雄心壯志、額外培養出來的軍事實力，他們馬上就讓羅馬帝國飽受損失。這個時期，不列顛北部與比利時遭受嚴重打擊，這些地區的聚落密度即便到了四世紀的黃金時期都仍未恢復。羅馬別墅是沒有防衛設施的大型莊園建築，因此，只要前線任何一區防線潰散，敵方聯盟的首要目標就是拿下別墅，因為只要管理農場的莊園停止運作，就能確保該處的區域經濟受阻。更具有戰略意義的影響是，由於聯盟擁有比過去更強的軍事實力，羅馬被迫得要調整歐洲防線。一些原本即將成為正式羅馬行省的地區，赫然發現自己被帝國拋棄，隨著防線調整，羅馬軍隊與行政機構也紛紛撤離，他們頓時落為邊境外的內緣地帶。其中羅馬失去最大的領地是多瑙河另一頭的外西凡尼亞達契亞行省（Transylvanian Dacia），此外，不列顛尼亞行省（Roman Britain）北端哈德良長城外的地區也被棄之不顧，還有萊茵河上游與多瑙河之間的「狄古馬特農墾區」（Agri Decumates）也被阿勒曼尼人占領。境外軍事壓力隨著新聯盟的興起持續升溫，於是羅馬決定棄守這些領地，但他們也不是倉促行事，最後每一次似乎都是經過羅馬軍隊與行政團隊精打細算後才決定撤出的。

與此同時，內緣地帶的新聯盟卻也為羅馬帶來一些良機。四世紀時，羅馬帝國經常徵用新聯盟的軍事能力，例如在對抗波斯帝國的三場戰役中，特爾溫吉人就曾派出一支特遣部隊擔任羅馬的盟軍，萊茵河流域的阿勒曼尼人和法蘭克人（Franks）也曾多次受西羅馬皇帝徵召參戰。這些特遣部隊是以傭兵的形式參戰（擁有軍事實力的領導者從中得到報酬，藉此得到更大的財富優勢），參與人數雖不多，但是徵召他們的成本比起招募額外的羅馬士兵要來得划算許多，畢竟每當戰役結束，他們就會回家吃自己。既便新聯盟有著更高水準的軍事和政治組織能力，只要透過必要的調整，四世紀的羅馬仍能維持明顯優勢地位。

就算是強化後的新聯盟仍沒有足以直接挑戰羅馬的軍事實力，克諾多馬留斯就為此付出慘痛代價。雖然每隔一陣子，總是會有軍事霸主抱著自己的政治野望崛起，他們與羅馬之間的關係會走向緊繃，但是像史特拉斯堡戰役這類大陣仗的軍事衝突仍屬罕見。羅馬邊境上的這些合作夥伴都很清楚與羅馬對抗的下場，因此他們往往傾向於將對抗羅馬的行動維持在檯面下進行，避免公開與羅馬對立（即便他們可能會鼓勵手下時不時對羅馬進行非法掠奪，並從中獲利）。因此，整體而言，羅馬帝國晚期與邊境地區的關係發展遵循著一套不同的模式。三世紀晚期到四世紀，每隔一個政治世代

（每二十五年左右），羅馬皇帝就會在歐洲邊境的四個主要地區（萊茵河下游、萊茵河上游、多瑙河中游、多瑙河下游）的遠端發動大規模遠征。這時，帝國周遭某個倒楣鄰居就會遭到羅馬恐怖鎮壓，家園付之一炬，居民遭到圍捕，淪落奴隸市場。通常，這種火力展示就足以讓地方軍閥在形式上臣服於羅馬。此時的羅馬政治影響力最大，皇帝也會藉機重新洗牌地方聯盟的政治形勢，將局勢轉為對羅馬有利的樣態。羅馬會要求整合後的新聚落交出社會地位高的人質，送往宮廷接受羅馬教育，藉此延長週期，並且賦予那些臣服羅馬的人高價值的貿易合約、年度外交禮品與津貼，好讓這些從屬夥伴能夠有充分理由去維繫他們的勢力。這套恩威並施的手法，通常就足以維持邊境地區接下來幾十年的和平，期間若有野心過大的新王崛起，很可能也會遭遇綁架或刺殺（這讓人不禁再次想起阿言德的下場）。

但這並不代表一切風平浪靜。羅馬將這些聚落的規模維持在可控制的最小狀態，但是並沒有就此消滅跨境掠奪的行為。隨著政權更迭帶來各自的政治理念，政體組合也會隨之改變。西元三六〇年代前期，瓦倫提尼安一世想要給蠻族來點下馬威，因此他單方面降低給阿勒曼尼人的年度津貼，並在原先約定互不侵犯之處開始築起堡壘。

即使當時史特拉斯堡戰役才剛結束沒幾年，尤利安不久前才鎮壓過萊茵河上游的前線地帶，這個舉動仍讓前線的戰火一觸即發。外部事件也可能會迫使皇帝改變外交手段。正如我們所知，到了三六〇年代晚期時，讓瓦倫提尼安坐立難安的主要因素已經變成日漸崛起的新阿勒曼尼霸主：馬克里亞努斯。皇帝先是試著派人暗殺他，暗殺未果後又派出一支特遣隊試著綁架他。雙雙失敗之後，邊境另一頭恰好又爆發嚴重衝突，於是瓦倫提尼安只好見風轉舵改變策略。他邀請馬克里亞努斯會面，兩人在萊茵河中游的一艘船上達成了協議：瓦倫提尼安承認馬克里亞努斯作為阿勒曼尼聯盟共主的地位，並提供他優渥的合作條件，相對地，馬克里亞努斯要協助他維持邊境地帶的和平，並將其擴張的野心轉向北方的法蘭克鄰國。

然而，這一切都只是些小插曲。新的軍事政治聯盟模式讓羅馬帝國改為採用操縱性外交策略，但是沒有改變羅馬主導外交局勢的地位。邊境上的諸國會試圖盡可能鞏固他們的地位，但是很少有人膽敢直接挑戰羅馬帝國。邊陲地帶的發展限制了帝國行使霸權的範疇，但是並未因此扭轉乾坤。就算是野心勃勃的馬克里亞努斯，只要羅馬開給他的條件夠優渥，他也會滿心歡喜地從此一輩子成為羅馬的忠實盟友。羅馬改良了帝國行使霸權的手法，後來許多人也跟進，多年過去，二十世紀到來時，這套手法再次浮上檯面。

出自印度（與非洲）

十八世紀晚期到十九世紀間，一套新說興起，挑戰著新興西方帝國獨有的君主制，有些君王更因此遭到推翻。這套學說認為，政府的權力不是由上而下，而是由下而上，即政府的權力來自構成國家的人民。很快地，許多美洲殖民地靠著這套學說賦予的權力擺脫英國（以及西班牙、葡萄牙）的直接控制，而法國人民則是起身對抗自家君主。整個十九世紀到二十世紀前期，民族主義適時為推進歐洲的週期性政治動盪提供了意識形態上的正當性。它也在許多位處殖民統治下的帝國邊陲地帶的人民心中扎根，其中對大英帝國的掌上明珠影響尤其深刻。

歐洲帝國主義擴張時，總是會激起當地居民的反抗，十九世紀的全球擴張也不例外。伴隨衝突而來的戰爭多到不勝枚舉：祖魯戰爭、馬赫迪戰爭、義和團事件、印荷爪哇戰爭、法屬西非的曼丁哥戰爭。起義總是會帶來損失，有時還會付出慘痛的代價，但是一般來說，下場都會落到與羅馬時期起身反抗的布狄卡女王同樣的命運，其箇中原因也大致相同。抵抗帝國擴張的力量規模較小、科技落後、行政管理能力薄弱，有如螳臂擋車。遭遇到無可避免的失敗後，殖民統治前原屬菁英階級的人通常會淡出政治舞台，由精通帝國科技和規範的新興團體進而取代，有時，也會被帝國的歐洲核心帶來的文化與論述所取代。其中，民族獨立運動吹響的呼聲格外強烈。

印度是在十九世紀末率先吹響民族運動號角的殖民地之一。就像其他殖民地一樣，起先是由當地中產階級聚會的俱樂部與沙龍開始醞釀（這有部分也是從殖民地模式身上學的）。如同多數位處內緣地帶的領地，英屬印度雖有龐大的歐洲殖民者與官員組成的社群，但是，掌握政治權力的官僚金字塔，幾乎全都得靠當地招募的在地人士組成，相較於殖民社群的總人口，歐洲殖民者社群不過只是金字塔最上頭的尖端。因為要從「母國」轉移整套殖民管理機構耗資費時，不論是資金還是人力上都需要很大的成本，就經濟上來說，那樣會讓整個殖民事業窒礙難行。只要最高階的行政團隊是由英國直接派駐，其他行政人員和中階管理人員在當地招募就好，這樣一來能大幅降低經營成本。這就是英國如何僅靠四千名公僕統治三億印度人，法國則是能以十名法國官員統治有著數百萬人的西非內陸。為了維繫起初以暴力鎮壓建立起來的優勢地位，英國在印度的行政當局有效地利用種姓制度，其中，歐洲人位居種姓制度的最高位，其他受到帝國殖民統治的邊陲地帶所採用的行政手法也相去無幾。他們將英國的部分機構原封不動搬到印度，像是遍布孟買的俱樂部和學校，甚至有時還會吸收當地的菁英分子，讓他們也能夠平起平坐。但是不論怎麼吸收，殖民社會中真正的權力無疑始終都在歐洲殖民者手上。

起初，孟買的商務人士和逐漸成形的民族主義保持著巧妙的距離。參與印度民族主義運動的大多數是日漸壯大的中產階級知識分子，這些人當中，也有不少是在地出身的高階行政官員。在大多數情況下，印度商界會採取務實做法，亦即維持盡可能不與民族主義扯上關係，試著在帝國的貿易網中邁向繁榮。塔塔家族當時正是孟買最活躍且成功的家族之一，他們也不例外地採取這種態度。即便小塔塔與部分推動印度國民大會黨的關鍵成員交情深厚，他自己仍是完全不碰政治，並大力配合殖民政府的政策。塔塔家族在帝國的圈子中茁壯成長，小塔塔和他的孩子們更以勝利者的姿態進入帝國的權力中心：他的大兒子多拉貝吉（Dorabji Tata）就讀劍橋大學，後來更與小塔塔的小兒子拉坦（Ratanji Tata，以Ratan之名獲勳）先後取得爵位。

然而，從長遠來看，塔塔家族的政治地位，其實更接近四世紀時羅馬內緣地帶培養出的附庸國國王，這些人的子女也常被帶到宮廷作為人質，反而不像是奧索尼烏斯家族、范德堡家族那樣，塔塔家族並沒有完美地融入到帝國的統治階級當中。當時，這些人質會受羅馬教育，羅馬也會以禮相待，但前提是雙方的外交協議沒有任何變數。有別於奧索尼烏斯家族或范德堡家族，他們沒有機會透過聯姻進入帝國的上層階級（不論是阿勒曼尼時期的附庸國王子，還是塔塔家族的後繼者，都沒有這樣的機會），而且，從後續發展中我們能夠清楚看出，他們能受到帝國歡迎的前提，就是他們不能夠與其他更接近帝國權力中心的人有利益衝突。

到了十九世紀晚期，孟買的紡織廠主逐漸成為英國本土的蘭開夏郡的潛在競爭對手。印度商界過去向來把自己視為大英帝國體系中的一員，可是當開始要與英國本土競爭時，他們才發現自己身上少了一些關鍵的「英國」元素。例如，一八九四年英國就針對印度出口的棉花徵稅，這首次喚醒了小塔塔本人心中的民族主義，他私底下痛心疾首地向同伴抱怨：「這套虛假的帝國主義、心裡只有英國人。」

即便如此，接下來幾十年仍只有知識分子和公僕比較能接受民族主義，因為他們在個人事業發展上會直接撞上天花板，畢竟最終政治權力仍舊緊握在殖民母國出身的官員手上。對民族主義運動領導者而言，由於沒有實質的商業利益衝突，他們較不受限制，能夠更自由地嘗試採取較為激進的意識形態。印度國民大會黨也不例外，第一次世界大戰後，土耳其以國家主導的資本主義模式、蘇聯式的中央計畫經濟吸引不少社會主義者加入他們的行列。眼見國民大會黨日漸激進，殖民政府也想方設法要吸收孟買的商界人士，因此孟買商界對於國民大會黨的支持度也漸趨保守。但是，到了一九三〇年代，國民大會黨再次轉向較溫和的社會主義，這部分是因為當時的國民大會黨領袖較為保守，他們與印度著名的商業家族關係也較為密切。當時，蘭開夏郡的紡織業正飽受經濟大蕭條的打擊，帝國政府為此加強實施保護主義政策。種種巧合鞏固了印度商界與國民大會黨之間的情誼：一段美好友誼就此展開。印度商界企盼著能推動以國家主導的產業政策，這與國民大會黨推動印度獨立的政策方向不謀而合，而國民大會黨則能得到來自商界的金援。

印度擁有古老文明與強健的本土文化傳統，種種條件加上印度商界透過帝國獲取的財富，就創造出能夠搶先一步孕育出民族主義運動的環境。但是就基本模式而言，印度民族主義和二十世紀中期復燃的反殖民運動，兩者之間有著反覆出現的相同特徵，而後者影響了舊有歐洲帝國大片地區。這套模式當中，有很大程度是受到本地的專業階級推動，這些人通常是由公僕人員和管理階層所組成，他們受過教育，但在權力結構上仍位處從屬地位，因此他們試圖打破阻礙他們繼續向上的玻璃天花板。在內緣地帶的脈絡下，地方商業階級雖然日漸繁榮，但仍難免有些部分會被邊緣化，他們期待獨立後的政府能夠為他們帶來更有利的政策，因此自然就會與民族運動者結盟。

因此，就長遠來看，不論是古代羅馬還是現代西方，其帝國體系下的內緣地帶都經歷過相似的政治動盪模式，只是前者發生在四世紀中葉，而後者則是二十世紀中葉的戰間期。不論古今，內緣地帶的特定群體手上累積的新財富，雖然比不上最終獲得完整授權的自治省分那麼多，但是也足以對當時的政治權力模式帶來難以抗拒的改變，這點不論是內緣地帶的內部政治，抑或是與帝國中心之間的權力平衡皆然。新財富總是會動搖現有的權力天平，形成新的權力集團，這些人既有能力也必須得要設法維護自身利益。

羅馬時期時，具有權勢的社交階層大致上也手握軍權，權力與財富之間的連結直接了當。要能夠在羅馬邊陲地帶壟斷新財富，光是既有的戰力是不夠的，他們同時還得要能持續提升軍事實力，唯有如此，成功的領導者才能夠培養更多軍士、從羅馬進口更精良的裝備。到了十九世紀和二十世紀前期，新興的地方菁英要獲取權力，則不僅需要軍事實力，還要能結合財富、堅定的新意識形態以及行政管理知識。

但是若將整體政治效應拿來兩相比對，就有其相似之處：新興的本土勢力脫穎而出，得以抗衡一直以來直接掌握在帝國手上的權力。要說現代的邊陲地帶政治演變過程當中，軍事實力並不像古代那麼集中的話，兩次世界大戰就恰好為現代的內緣地帶催化出民族獨立運動（nationalist-cum-independence movement）。在這兩次前所未有的衝突下，帝國政府忙著應付歐洲發生的事件，同時苛刻地要求殖民地提供資源因應戰時所需。舉例來說，兩次世界大戰中，法國從旗下非洲殖民地派出數十萬人上戰場，而英國光是從印度就招募超過二百萬人參戰。第一次世界大戰期間，帝國實質權力雖暫時削弱，民族運動亦仍處於萌芽階段。但是到了二次大戰爆發時，許多地方的民族運動已經發展成熟，足以藉著帝國面對問題的時候趁虛而入——印度更是如此。一九三〇年代，在甘地（Mahatma Gandhi）的幫助下，印度的國民大會黨運動已經形成一股基礎廣泛、團結一致且井然有序的勢力。早在一九三〇年，他們就能夠發起著名的「食鹽進軍」（Salt March）這種大規模和平抗爭。食鹽進軍的遊行運動持續了二十四天，走了二百四十英里，挑戰帝國政府對於食鹽供應的壟斷控制，雖然它的短期目標沒有實現，但是最後成功地將獨立運動轉化為受到廣泛支持的全民大業，並且獲得大量來自海外的同情與支持。雖然邱吉爾曾恥笑甘地不過是個「半裸苦行僧」（half-naked fakir），很想要就此置之不理，但是為了甘地發起的這場運動，邱吉爾不得不與甘地進行談判。

在內緣地帶已經立場漸堅的背景下，二戰帶來的全球帝國秩序動盪，進一步為推動殖民地獨立帶來重大影響。舊有的歐洲列強在一個世代間經歷兩次大規模衝突，背負著前所未有的巨額公共債務，此刻既需要大手筆地透過紓困救濟來重建家園，同時又得要盡可能降低歲出。但是，當時唯一穩定的現金來源是美國。原則上，美國願意提供金援，但是，身為史上第一個脫離歐洲帝國的殖民地，美國堅決不願出資助長他們眼中過時的帝國野望。接下來數十年間，美國與其競爭對手蘇聯都持續倡導自決原則，反對透過征服取得權力得來的歐洲殖民遺產。（當然，前提是尋求自決的人不是出自美國自家後院。）

英國、法國和荷蘭都想要保全自己的帝國，有時甚至不惜發動戰爭來奪回（或是嘗試奪回）推動獨立的殖民地。然而，一九四五年後他們發現，就成本和利益來看，保有大片殖民地的直接控制權，在財政上和意識形態上都變得很不划算。土生土長的民族運動當時已經具有更強的動員能力，能夠在當地民眾中取得支持，並且從他們對於集體的帝國戰爭所做出的貢獻得到正當性，從而使得許多西方殖民地變得難以治理，治理成本因此變得高昂許多。此外，美國還砸下大把鈔票。美國在馬歇爾計畫（Marshall Aid）中提供一百五十億美元的紓困金（若按照現今的貨幣計算，價值大約是一千五百億美元），再加上美國私人企業將大筆外資投入歐洲，並且自由開放美國市場，這些措施對於當時急需重振破碎經濟的歐洲國家來說至關緊要。此外，當時美國拒絕與嘗試延續帝國主義的國家合作，如一九五六年英法兩國試著奪回蘇伊士運河的行動，舊時代的歐洲帝國主義已經一去不返。因此，一九四五年之後，西方列強或多或少地逐一交出旗下殖民地的直接控制權，不論他們願意與否，過程又是否平和，權力終歸是落到先前在帝國時期壯大的在地菁英階級手上。

但是，儘管乍看之下這段歷史進程似乎符合「美國例外論」（American exceptionalism）當中認為美國得天獨厚的論述，也就是美國藉此率先擺脫英國的帝國主義之後，再進一步協助其他國家得到自由的說法，但是，事情還有另外一面。現實中，這段在形式上脫離殖民的過程，並不代表著西方帝國主義就此告終，因為西方帝國主義只不過是披上充滿創意的新型態重新展現出來而已。就像是羅馬的帝國體制面對自己創造而變得茁壯的同盟時，必須調整運作機制來對應，同時卻仍將最終的控制權留在手上一樣，即便經歷了去殖民化的進程，西方帝國體系仍能透過新機制保有主導權，控制著原屬於殖民邊陲地帶的大部分地區。一九四四年夏天，西方帝國主義的轉變歷程進入最後階段，美國於新罕布夏州的小鎮上舉辦了一場會議，在美國人的主導下展開漫長的討論，就此奠定該階段的機制結構。

布列敦森林體系

一九四四年七月，二戰邁入尾聲，正當盟軍奮力突破諾曼第灘頭時，美國政府在布列敦森林（Bretton Woods）的度假勝地集結盟軍領袖召開會議。這場會議是要為戰後的世界規劃出新的財務結構。會中有兩位大人物現身：代表英國的約翰・凱因斯（John Maynard Keynes）以及代表美國的哈里・懷特（Harry Dexter White）。兩人在這之前已經默默合作兩年並取得共識，認為許多問題都卡在一個關鍵的差異之上：貨幣。兩人一致認為國際間需要制定一種單一本位貨幣，好讓全世界的貿易能夠更加通暢，以因應戰後將要面對的蕭條時期，而且這種貨幣需要以黃金儲備來背書，確保其穩定性及可信賴度。但是，凱因斯還希望能夠盡可能回歸戰前的世界局勢。如果英國保有旗下的帝國局面，其殖民地將以英鎊進行對外貿易，並將其儲備存在倫敦，將會有助於英鎊長久維持世界主要儲備貨幣之一的地位。這樣做的額外好處是能擴增英國銀行體系的資金池，維持低廉的借貸成本，讓英國能擁有足夠的資源進行戰後重建。

然而，懷特希望能將全球金融中心遷移到美國，因此他傾向於採用美元作為單一貨幣。為了讓美元有足夠可靠性，他建議將美元匯率與美國存在諾克斯堡（Fort Knox）金庫的黃金儲備量掛鉤，當時該金庫擁有約全世界百分之八十的黃金庫存。[1]

最後，懷特如願以償。先不論當時凱因斯的健康狀況堪憂，局勢對他來說本來就非常不利。實際上，戰爭期間盟軍的花費已經大多數由美國負擔，而且當時美元還擁有一個短暫且巨大的結構性優勢。由於歐洲的經濟基礎大受重創，戰爭結束時，美國占有全世界三分之一的出口總額，工業生產額也占全世界的一半。換句話說，當時誰都想要美國的物資，尤其重建家園、工廠以及基礎設施更需要大量的資本財。既然要和美國交易，自然就要盡可能取得美元，於是很快地許多國家發現，既然大家手上都有美元，就算戰後各國經濟開始復甦，國際間用美元交易自然還是最方便的形式。

布列敦森林會議塵埃落定後，他們創立一系列機制，以確保戰後全球經濟的運行將能盡可能減少對貿易與資本流動的限制，同時也保障了西方列強的主導優勢得以維繫。首先是簽署《關稅暨貿易總協定》（General Agreement on Tariffs and Trade，簡稱GATT），其成員國承諾將開始實施關稅削減制度，透過逐步減少政府對進口貨物加徵的稅額，避免世界退回大蕭條時期的封閉經濟。第二點，成立國際貨幣基金組織（International Monetary Fund，簡稱ＩＭＦ），其成員國將每年繳納會費，作為全球性應急資金之用。當成員國在遇到短期的國際收支短缺，也就是進口多於出口，從而耗盡美元時，他們就可以向該基金尋求協助。如果這樣還是難以解決他們的付款問題，國際基金組織就會介入擔任最後一道債權人，要求該國實施規定的金融補救措施來換取更大筆的貸款。當然，這筆基金並不是用來贊助社會主義國家建立烏托邦社會的。布列敦森林會議的最後一個產物就是成立世界銀行（World Bank）。世界銀行的初衷是出資重建飽受戰火摧殘的歐洲，但是隨著戰後去殖民化的新國家逐一找上門來，世界銀行很快就將重心轉為幫助邊陲地帶國家推動資本主義發展。此外，聯合國的出現則讓新的世界秩序更加完善。一九四五年聯合國成立，雖然它並不屬於布列敦森林會議創造出來的金融體系，但聯合國亦在盟軍確立世界主導的地位過程中扮演重要角

---

1 $22,020,700,446 Gold Held by Treasury; About 80% of Monetary Stock of World in This Country', *New York Times*, 7 January 1941 (https://www.nytimes.com/1941/01/07/archives/22020700446-gold-held-by-treasury-about-80-of-monetary-stock-of.html)

色，甚至聯合國的總部就設在紐約——這無疑是昭告天下，新的帝國中心所在之處。

二戰落幕兩年後，印度宣布獨立，各地接連開始去殖民化，野火燒遍英、法、荷三大帝國。但是，雖然這些新興後殖民國家幾乎都無緣參與布列敦森林會議，他們仍幾乎全都簽署並同意該會議打造出來的制度架構。[2]對於這些國家而言，在聯合國取得一席之地，或是成為國際貨幣基金組織和世界銀行的成員國，除了能夠讓他們得到法理認證外，絕大多數他們發展所需的投資資本都能在成為西方世界的一員時取得，讓他們能推動遠大的開發計畫。蘇聯也確實有創立經濟互助委員會（Council for Mutual Economic Assistance），試圖打造出一個共產主義經濟集團與西方分庭抗禮，但是由於該委員會的資金不足，實質上對成員國的幫助十分有限。相較之下，西方市場不僅富裕，市場需求更是蓬勃發展，到了一九五〇年代和一九六〇年代經濟復甦之後，他們的口袋就再次充滿雄厚的資金。許多從邊陲地帶興起的新政府，自然就會拒絕承繼帝國統治的路線，大談不結盟政策（non-alignment）。實際層面來說，迫切的經濟需求也讓他們深陷西方陣營難以自拔。

對於這些新興國家而言，西方強權除了能夠各自透過各種手段施加莫大的影響，諸如財務援助、外交影響、透過祕密行動來支持或推翻政府、透過封港等行為施加軍事壓力，在西方強權聯手之下，開發中國家承受著巨大的壓力，只得一一歸隊。聯合國大會的共同決議採用一國一票的原則，這一點對於眾多新興國家來說非常有利，但是可以授權使用武力的聯合國安全理事會（Security Council）就是另外一回事了。安全理事會上的五個常任理事國擁有否決權：美國、蘇聯、法國、英國與中國（一九七一年之前，中國以位於台灣的中華民國政府為代表）。更重要的是，國際貨幣基金組織和世界銀行的投票方式和私人企業一樣，是以持股規模決定影響力的大小。其中光是身為單一最大出資者的美國就擁有將近四分之一的票數，所有關鍵決策都掌握在西方列強的手上。列強之間並非總是能取得共識，一九五六年的蘇伊士運河危機就是個鐵證，西方國家也會各以自己的方式與中國或蘇聯保持關係。但是就主導全球政治經濟的關鍵原則上，他們有著一致共識：自由貿易、私有財產、市場交換。

2 該會議中有一些拉丁美洲國家、以及像伊拉克與中國這種屬邊陲地帶的獨立國家參與，但事實證明，他們對於最終協議結果的影響很有限。

布列敦森林會議將全球貿易秩序打從根基開始制度化，讓全球資源能夠繼續流通，並且是由原本在全球經濟中，位處於舊帝國邊陲地帶的全球資源，流向新的西方帝國中心，達成淨流通。在一九四五年主流的世界發展模式下，製造業仍然主要集中在西方已開發國家。因此，西方企業靠著製造業貨品的自由貿易體系掌控全世界工業貨品市場，他們手上牢牢握著製造產業的專業知識，即便邊陲地帶有新創公司想要加入市場，也難以與這些技術先進且資本雄厚的先行企業競爭。原則上，開發中國家能夠透過向西方出口農產品和初級商品，建立起自己的經濟體。但是，由於農民在西方國家的政治選民結構當中占有重要的一席之地，第二次世界大戰後的饑荒經驗又讓他們的庫存大幅提升，所以最初的《關稅暨貿易總協定》當中，並沒有給予農產品與製造業相同程度的自由貿易空間。因此，當邊陲地帶的製造業與來自西方的舶來品苦苦競爭的同時，邊陲地帶的農民卻是面對著一堵高牆，難以進軍西方拓展市場。

與此同時，全球貿易貨幣由英鎊改為美元，世界經濟的中心也就穩穩地從英國遷到美國。倫敦仍是世界主要銀行中心之一，但是全球金融貿易金字塔最頂端的寶座很快就讓位給了紐約。[3]一九四五年時，世界外匯存底有將近百分之九十都是以英鎊持有的，因此也都存在英國的銀行（因為只有在英國註冊的銀行，才能夠以英鎊提供帳戶服務）。接下來的二十五年間，以英鎊持有的外匯數字就掉到不足一成，取而代之的是在一九七〇年已經占去世界外匯存底四分之三的美金。

當這些儲備金存入紐約的銀行，美國可用的資金池也隨之成長。由於這筆錢放在銀行會孳生利息，美國的銀行也得想方設法拿來運用，才能支付利息給各國政府。其中大部分都貸給了美國政府[3]，而且，由於美國政府不需要提供特別慷慨的條件來吸引資金，也就讓美國銀行體系能夠普遍維持較低的利率。更妙的是，美國經濟現在每年都能享受來自其他國家的補貼。原則上，任何持有美元儲備的政府，都能夠要求美國政府將其兌換為等值黃金（固定匯率為每盎司三十五美元），從而將黃金儲備由諾克斯堡轉移到自身國家，然而實際上，所有政府都懶得這樣做，即便是社會主義國家的

3　一九四五年時英鎊是世界主要儲備貨幣，但是接下來數十年間逐漸被美元取代，如今世界外匯儲備約有六成存在美國。參見Barry Eichengreen, Livia Chiţu and Arnaud Mehl, *Stability or Upheaval? The Currency Composition of International Reserves in the Long Run*, European Central Bank Working Paper Series #1715, August 2014: https://www.ecb.europa.eu/pub/pdf/scpwps/ecbwp1715.pdf.

政府也不例外：與其把沉甸甸的黃金從美國運回來，還得想辦法安全存放在自家金庫，不如乾脆就以美元存在美國銀行帳戶裡還比較簡單。當政府之間要進行交易時，他們也只要在彼此的美國銀行帳戶間轉帳，相較於將實體黃金運給對方，這樣又快又方便。

這導致一個狀況：任何想要獲得美元的國家，就得要生產出能夠賣給美國的商品，然而美國若有必要，只要多印一點美鈔就好。美國政府也就樂此不疲地量產美元，在戰後的二十五年內，產製達到相當於美國持有的黃金儲備三倍的美元。[4]本質上，由於美元可以兌換為黃金，美國財政部相當於給了其他政府借據，但是他們最後都只拿在手上沒有拿回來兌換。一段時間後，大家發現其實只要交換這些虛擬借據，就能以債還債，美國財政部也就沒有理由特地把借據賺回來，只要無中生有就行了。雖然其他國家對於這種「特權待遇」也會偶有怨言，但是沒有人真的嚴厲提出反對意見。邊陲政府也沒辦法改變什麼，畢竟他們通常比誰都需要強勢貨幣，至於其他西方列強則是因為戰後美國企業大力投資歐洲，他們最終也是坐享其利。實質上，其他西方國家讓美國賺去的，終究還是會回到他們手上。只不過，美國企業對於邊陲地帶的投資就相當有限，因此戰後這數十年間最吃虧的就是邊陲國家。實質上，美國不費吹灰之力印美元就能換來邊陲國家的貨物，然後美國再將這些商品投入世界經濟核心當中循環。

除了美國享有的特殊優勢外，一九四五年後，所有前帝國主義的列強國家也都從全球財富單方面的淨流通中獲利，同時還能將殖民地的政治管理成本轉嫁到新興獨立國家身上，（對他們來說）形成雙贏的局面。當時，許多新興國家為加速經濟發展所採取的措施，無意中加速了這種流通。就長遠來看，為減少從西方國家進口商品的需求，開發中國家會採取對應的工業化策略，這就意味著他們必須向西方國家購買製造技術，並且增加初級材料的出口量以支付購置技術的成本。對西方國家而言，這同時能夠擴大出口市場，還能降低進口食品和原物料的成本。帝國政治控制在形式上消亡，但是帝國經濟體系仍持續運作著（或常被稱為「新殖民主義」），持續為帝國中

4 其實，美國財政部連真鈔都沒有印。事實上，他們告訴銀行只要直接修改客戶的帳戶額度，只要理論上黃金夠抵用對應的美元即可。

心帶來物質上的利益。結果，「西方國家與其他國家」之間的人均所得比例，從一九五〇年時大約三十比一的差距，到二十世紀末已經上升到原先差距的兩倍。形式上的去殖民化距離實際終止西方全球霸權還很遙遠。布列敦森林體系的實際運作過程，不僅將西方帝國重新定義成由美國主導的特權國家俱樂部，而且還讓西方帝國在戰後變得更加富裕，持續收割深具殖民色彩的貿易和金融秩序帶來的果實。

當然，世界上確實有許多新興國家取得政治獨立，此言不假。殖民時期長久累積下來的經濟和政治發展，賦予邊陲地帶許多地方足夠的能力，讓他們能夠主張地方自治，從此擺脫帝國的直接控制。在部分地區需要透過武裝起義的方式才能夠推翻帝國統治，像是越南、阿爾及利亞以及印尼。但是大多數地區都能透過談判的方式達成目標，畢竟當時的歐洲列強知道自己大勢已去。戰後，以這種方式創立的新興國家開始享有真正的自由，在決定自身事務上擁有很大的空間。但是這種自由隱含著一個前提：他們仍得在以美國為首的西方列強所定出的全球經濟體系下，按照這套規矩做決策。在這個前提下，新興國家仍有足夠空間主張自己的政治理念，不會受到西方列強報復，就像是智利政府在一九六〇年代時那樣。但是如果他們踰矩，威脅要完全擺脫西方體系，一路延續下來的西方霸權就會把鐵拳重重地招呼在他們身上，智利的阿言德總統和他的追隨者們就是從此學到血淋淋的教訓。

阿言德犯下的致命錯誤是高估了蘇聯集團的經濟實力，他錯以為與社會主義連結足以讓他與西方帝國分庭抗禮。現實中，西方仍主導著世界經濟，占去絕大多數的產出、收入和市場。俄羅斯經濟有著結構性問題，同時，他們決心要維持超級大國的武裝力量，這兩點持續地削弱其經濟成長，並使得他們能用以支撐外交野望的資源受到限制。即便蘇聯在科學上有著史普尼克衛星（Sputnik satellite）和一九六一年尤里·加加林（Yuri Gagarin）成為首位進入太空的人類的創舉，但由於蘇聯經濟仍依賴出口石油和天然氣等原物料，因此就能夠創造出來的財富而言，蘇聯更像是一個開發中國家，只不過是表面上能夠和美國以及其盟國競爭而已。蘇聯充其量就是「持有導彈的上伏塔」，手上現金並不多，一九五九年資助古巴革命後，蘇聯就已經花掉大部分能動用的資源，而且，即便是蘇聯自己，出了他們的經濟互助委員會之外，與其他國家進行海外貿易時仍得用上美元。蘇聯在經濟上的弱點，加上中俄關係在一九五〇年代中葉再次陷入緊張局勢（還引發一九六九年發生未宣而戰的邊界衝突），導致與西方抗衡的全球共產集團遲遲無法成形。因此，當阿言德向莫斯科尋求支持時，無可避免地，除了一些客套話之外，他也得不到多少好處。[5]

一九四五年後的西方就像四世紀的羅馬一樣，仍擁有大多數內緣地帶附庸國的控制能力，同時西方的內部核心地帶則達到前所未有的繁榮光景。然而，不論古今，這種美好光景都不代表帝國制度的發展歷程就此告終。內緣地帶茁壯而萌生的野心被澆熄，但是帝國霸權仍然很快就會面臨來自其他地方更大的挑戰。

5　一九七四年美國中情局評估蘇聯對阿言德政權的支持態度時，其文件標題便極其直白地寫上「蘇聯放棄阿言德」。https://www.cia.gov/library/readingroom/docs/DOC_0000307740.pdf.

第五章

器滿則覆

我們選擇用什麼政策應對這些問題，以及個別政策累積起來的影響，將會決定現代帝國體系如何在未來的幾十年內像羅馬一樣瓦解，以及瓦解的過程會有多相似。

帝國體系的瓦解各有其因。有些帝國是遭到征服，譬如中國的大宋是承受了五十年的兵荒馬亂，才終於被蒙古帝國橫掃歐亞的鐵蹄給踏平。另外有些帝國是因為內在架構的弱點崩頹，好比說從法蘭西發跡，一路併吞西日耳曼、收服義大利的加洛林帝國（Carolingian Empire），說白了其實只是場延續三代人的大遠征，雖然一時成其霸業，卻在極盛之時天宇中傾。但西羅馬帝國的滅亡，卻無法這麼輕易歸因。

這一切自然與羅馬人所輕蔑的「野蠻人」有關。自西元四世紀起，這群外邦人便操著利劍鋒矛攻入西羅馬帝國邊境，在西元五〇〇年左右控制了大部分原本屬於帝國的領土。不列顛的中部與南部被橫渡北海而來的盎格魯—撒克遜戰團（Anglo-Saxon warbands）首領瓜分。統治北高盧的是法蘭克人的墨洛溫王朝（Merovingian），東南高盧則臣屬勃艮第諸王，西哥德的君主據有西南高盧與伊比利半島的大部分地區，義大利、西西里與達爾馬提亞海岸則落入了東哥德人之手，至於偉大的迦太基與北非最富庶的一千行省，則掌握在哈斯丁（Hasding）王朝的手中，由汪達爾人與來自北高加索的阿蘭（Alan）戰士聯合統治。

但這些新王國的建立，很多都不是單靠征服。西哥德人和汪達爾—阿蘭聯盟的軍事力量，早在西元四一〇年就已經存在於西羅馬的領土上，但距離最後一人登上帝座，卻還有七十餘年時間。至於勃艮第人，則是在四三〇年代就順著西羅馬官方的安排，定居帝國境內，其中只有法蘭克人和東哥德人，才是在羅慕路斯・奧古斯都（Romulus Augustulus）遜位以後到來的。傳統上認為，這位在四七六年九月被廢的羅慕路斯是西羅馬最後一任皇帝，之後羅馬便陷落於蠻族王朝之手，但這群蠻族並不是像蒙古一樣，駕著鐵騎前來征服。

再者，羅馬的滅亡可以分成兩個階段，而西羅馬淪陷只是第一階段。在西元五〇〇年，東半部的羅馬帝國依然完整，統治著小亞細亞、敘利亞、巴勒斯坦與埃及等重要的稅收來源，且仍有能力對西邊維持霸權，控制住大部分淪陷的西部地區。比如勃艮第王國雖然別有所圖，但在六世紀的前幾十年裡，確實都在名義上承認君士坦丁堡統治者的最高權威。而且到了五三〇年代之初，查士丁尼大帝（Justinian，五二七至五六五年在位）更一路揮兵，擊潰了汪達爾—阿蘭王國和東哥德王國，甚至又在五五〇年代初拿回了伊比利半島南岸的部分地區。然而一百年過後，東羅馬帝國還是陷入了衰落。

東羅馬帝國的衰亡開始於七世紀之初和宿敵波斯之間的一場戰爭，這場戰爭打了二十五年，堪稱是場動搖國本的世界大戰。兩個帝國都因此破產，讓當時方歸信伊斯蘭教的阿拉伯人逮到良機，展開大規模的擴張，並在七世紀中葉消滅了波斯帝國，君士坦丁堡治下最富庶的行省也幾乎都被洗劫一空。到了六三〇年代，阿拉伯大征服已經奪下了敘利亞與巴勒斯坦，更糟的是在六五〇年代，埃及也跟著淪陷，小亞細亞富饒的沿岸淪為荒蕪的戰場，只留下一座座堡壘與孤村，就連以弗所（Ephesus）、撒狄（Sardis）等新約中的名城也無一倖免。此時，東羅馬的損失已然傷筋動骨，但伊斯蘭大征服仍不見停止，到了六九〇年代，北非也終於失守。由於君士坦丁堡本身倖存了下來，持續屹立到一四五三年，很多人都會刻意忽視，東羅馬帝國早在七世紀，便已經實質亡國了。伊斯蘭大征服奪走了君士坦丁堡統治者近四分之三的稅收，讓這個帝國從名符其實的世界強權，降格成地中海東部的區域大國，甚至不得已淪為伊斯蘭世界的附庸。儘管當伊斯蘭帝國內部陷入動盪，拜占庭帝國[1]還能稍微擴張版圖，但只要伊斯蘭世界重歸一統，又必定會再度衰落。事實上，此時的拜占庭已經跟西邊的每個王國一樣，都只是羅馬帝國無數正統繼承者的其中之一。

花了兩個半世紀，羅馬的帝國體系才完全瓦解，而就如我們在簡述中提到的一樣，這個過程牽涉到許多不同因素之間複雜的互動。這也是為什麼多年來關於羅馬的衰亡，會有這麼多不同的解釋。同樣地，我們也看得出來現代西方帝國並未崩塌，也不會在短期之內崩塌，而且它的崩塌也不會重複千百年前的模式。羅馬基本上一直維持著穩定的農業經濟，而農業資產的數額大致上是不變的。在這種經濟模式下，權力的基礎就是控制農業資產，並將權力與財富投入社會上層的零和遊戲之中。政壇上一旦出現贏家，就代表有人落敗。這種體系在面臨重大挑戰時，不可能靠著創造大量新財富，解決贏家太少的問題。但在現代西方帝國遇到的狀況裡，這個問題並不明顯，因為只要有讀歷史都知道，這幾個世紀以來的經濟都一直呈指數成長。

儘管如此，我們還是有充分的理由，認為現代西方帝國的生命週期最起碼已經到了一個重大轉捩點。在不到二十年的光陰中，西方占全球生產總額的比例已經下滑了

1　譯注：君士坦丁堡的正式國名始終是「羅馬」，Imperium Byzantinum 一名最早由一五五七年的東羅馬歷史學者沃爾夫（Hieronymus Wolf）採用，以便與西羅馬、古希臘等國家區隔。

不只四分之一，而且這顯然不只是一時的波動。有鑑於此，雖然在脈絡和細節上有很多不同，我們認為比較現在的狀況和羅馬體系的瓦解，還是能夠解釋很多東西。只是從這邊開始，我們會換個方式比較，因為羅馬早已徹底消亡，但西方未來的發展還存在許多未知數，而有些未知數我們甚至不知道它存在，因此我們不可能繼續用並列對照的方式討論下去。儘管如此，現代世界已經有一套很清楚的演變模式，讓我們可以從羅馬歷史中照見兩個重要的事實：首先，西方目前經歷的仍只是危機的開端，但這場危機將會迭連升級，甚至演變為文明的存亡危機；其次，這場危機的核心要素，和侵蝕羅馬帝國根基的要素如出一轍。因此在分析之前，我們需要簡單了解羅馬衰亡的核心因素。

北方崛起

西元七七三年春，查理大帝（Charlemagne）越過阿爾卑斯山，直取倫巴底王國的首都帕維亞（Pavia），將國王德西德里烏斯（Desiderius）重重包圍。攻城戰持續到隔年夏天，但德西德里烏斯最後仍被迫逃往鄰近的一所修道院，法蘭克人之王查理大帝旋即加冕為倫巴底人的國王，並接受了倫巴底貴族投降。這便是加洛林帝國的開始。儘管不如先前的羅馬帝國一般久長，但從這個崛起自邊陲的新興帝國，就能看出羅馬帝國瓦解的其中一個主因。

加洛林帝國的經濟與人口重心位於法蘭克王國的東北部，這片廣袤的沃土位於羅馬帝國北境，相當於如今的法國西北、荷比盧三國，以及德國的西部。在耶穌誕生以前，這些地方若不是人口稀少，抵擋不了羅馬征服，就是經濟水準低落，缺乏吞併的價值。然而到了查理大帝的時代，此地的人口和經濟資源都已繁榮昌盛，足以成為征服地中海沿岸的後盾。雖然加洛林帝國稍縱即逝，但北方的後起之勢並未窮絕。西元十世紀，加洛林的鄂圖王朝（Ottonian dynasty）從萊茵河與易北河之間崛起，再次南下征服義大利。經過整整一千年的歲月，羅馬世界的地緣政治勢力徹底翻轉：南方人憑仗地中海的財富與人力向北擴張，卻也改變了整個北方，最終讓查理大帝有機會掌握前所未有的力量。此後，歐陸北部就成了人口中心與經濟核心，長期支配著南方的地中海地區。

歐洲的權力會發生這樣決定性的轉變，原因也並不複雜。地中海沿岸的土壤豐饒鬆軟，利於耕作，即便是在農具簡陋的古典時代，也能輕易開墾。雖然歐陸北部的資源更為豐富多樣，但不管是要耕種濕黏厚重的土壤，還是在海象多變的北海與大西洋上航行，以當時的科技都力有未逮。但是到了查理大帝時代，車式重犁（carruca）已經問世，並在北方普遍使用。這種鐵製重犁安裝在四輪車上，並由八頭牲口一齊拖動，不但能翻鬆北方濕重的土層，大幅增加莊稼產量，同時也翻動了整個歐洲的經濟勢力與人口結構。

這場長期的戰略性變革，可以說是西元一〇〇〇年以前最重要的發展之一，而查理大帝的加洛林帝國則是一切發展的最高潮。這些發展並非由羅馬帝國直接造成，而是因為北部邊陲和帝國中心經歷過長達四個世紀的互動才會發生。在羅馬帝國直接統治的時期，內緣地帶的農業生產力和人口密度早已大幅增加（見第三章），並在後續時期不斷成長。到了八世紀，北方的實力已經超越了地中海，超越了羅馬過往統御歐亞大陸西部的基業。

早在三世紀，這些長期發展的影響就已經展露出來，讓「蠻族」得以形成更強大的聯盟，擴張至不列顛尼亞北部、多瑙河與萊茵河上游、外西凡尼亞等原本屬於羅馬皇帝的領土。不過在五世紀將西羅馬推向滅亡的，則是地處內緣的政治實體。比如此時人丁興旺，盤據大半個不列顛尼亞的盎格魯—撒克遜部族，就是起源自羅馬內緣地帶的西北部。後來追隨查理大帝遠征，擴張成另一個新帝國的法蘭克人，同樣也興起於此。儘管歐洲的中心在五世紀還沒有完全移入北方，但也已經深入到足以撥動權力的平衡，顛覆一直以來以地中海為根基的羅馬。

強權爭霸

在如今伊朗的比沙普爾（Bishapur），仍留有一座波斯薩珊帝國的石雕，描繪著當年被俘的羅馬皇帝瓦勒良（Valerian）向萬王之王沙普爾一世（Shapur I）俯首稱臣。沙普爾還將當時的情景，以三種語言刻在納克什魯斯塔姆（Naqs-i Rustam）的火神廟周圍：

> 在我統治眾王的王權之初，凱撒戈爾迪安[2]曾興兵來犯。戈爾迪安戰死，羅馬軍覆沒。羅馬人又舉菲利普[3]為凱撒。菲利普前來請和，以五十萬第納里買贖他們的性命，並向我們稱臣。其後，凱撒又再食言，並行不義於亞美尼亞。我們便朝羅馬發兵，於巴巴利索斯（Barbalissos）殲滅羅馬軍六萬。此戰（我們）拿下三十七座城市。在第三次較量中……凱撒瓦勒良朝我們而來。他的軍隊多達七萬……我們親手將他，連同他軍隊中所有將領抓為俘虜。在此戰中，我們征服了三十六座城市。

同樣是統治著現今的伊拉克與伊朗地區，沙普爾的薩珊帝國比之前的安息帝國更能有效動員這片土地上的人力和經濟資源，在整個三世紀不斷在近東擴張勢力，並在沙普爾之父阿爾達希爾（Ardashir，二二四至二四〇年在位）統治時，就開始在戰場上擊敗羅馬。安息會失去近東，是因為二世紀末的羅馬再度擴張，皇帝塞維魯（Septimius Severus）在現今的敘利亞、伊拉克一帶建立了兩個新行省，並繼續朝東方和南方推進帝國疆域。這次落敗重創了安息帝國，讓薩珊帝國有機會崛起，最後推翻這個自西元前二四七年以來便一直統治波斯的政權，成為與羅馬爭霸的超級強權。這和歐陸北部邊陲興起的部落聯盟一樣，都是羅馬的帝國舉措在整個地區激起的連鎖反應。只不過波斯地區從西元前四〇〇〇年開始，就已經有無數複雜的文明交織分布，所以主要的改變發生在政治與軍事組織上。而歐陸北部則是因為跟羅馬的互動，逐漸有能力開發腳下土地的資源，讓經濟和人口持續成長到足以支撐起像加洛林這樣的帝國。

連年與波斯征戰或許只是東羅馬在七世紀失去大國地位的遠因之一，卻無疑是西羅馬在五世紀傾覆的一大主因。從三世紀開始，波斯就致力於重建霸權，這對羅馬的影響遠遠超過同一時期歐洲內緣地帶的困境。無論是萊茵河上游被阿勒曼尼人占領，還是失去外西凡尼亞的達契亞，這些部落聯盟造成的損失，都遠比不上能在三場戰爭中，消滅三支羅馬大軍的沙普爾，[4]這一連串慘敗逼得羅馬得徹底改革整個體制。比

2 譯注：此為戈爾迪安三世（Marcus Antonius Gordianus Pius），其戰死時頭銜已是奧古斯都。

3 譯注：指阿拉伯人菲利普（Marcus Julius Philippus Arabs）。

4 歐洲蠻族確實擊敗並殺死了短命的皇帝德西烏斯（Decius），但他此次調度的帝國資源很少，因此這場戰敗的後果，並不像平常與波斯發生的衝突一樣損失慘重。

較保守的推估認為，羅馬軍隊的規模在三世紀至少擴張了百分之五十，有些研究則認為整整多了一倍。大規模擴軍導致了沉重的財政負擔，原有的稅收大約有百分之七十五都必須用在軍隊上，這讓政府不得不設法增加超過三分之一的稅收。想想看，現在光是要增加百分之一到二的醫療衛生預算，就夠整個國會吵得不可開交，而美國的醫療衛生預算，也才占聯邦總預算的百分之八而已，當時的波斯對羅馬造成的威脅有多麼沉重，也就可想而知了。

為了填補財政需求，最快的做法之一是從發展成熟的都市挪用稅收，這麼做也讓奧索尼烏斯等來自偏遠行省的菁英有機會擔任帝國公職（見第二章）。而另外一個做法，則是逐步調降第納里銀幣的價值。一直以來，羅馬都是用第納里銀幣支付軍團士兵的糧餉，但由於軍隊數量不斷增加，帝國手中的白銀早已不夠鑄造純銀貨幣，只好不斷在銀幣中摻入其他賤金屬，最後引發了三世紀後半著名的超級通貨膨脹。當然，這些應急方案都起不了作用，於是政府只好祭出長期的結構性改革，除了稅制變得更嚴苛，軍餉的內容也有所調整，從過去的銀幣支付變成發放食物、裝備和生活必須品等實用物資，再不時發一些純金。到了三世紀的最後二、三十年，這些措施終於讓羅馬能用合理報酬維持夠大的軍隊，抵擋住薩珊帝國的擴張野心。

二九〇年代的羅馬軍隊終於重振旗鼓，戰力甚至有所提升，在東方贏下了數次關鍵勝利，但就算如此，薩珊波斯畢竟是個超級大國，擁有長期與羅馬帝國對峙爭雄的實力，而這是羅馬過去從未面臨的處境。換句話說，羅馬必須將帝國內一大部分可用的軍事和財政資源（約莫是全軍的四分之一到三分之一），都部署在波斯前線。萬一發生其他問題，導致羅馬必須調動一部分前線軍力，波斯的統治者就會大加利用這個機會。

更糟的是，波斯崛起帶來了重大的結構性影響，進一步限制了整個羅馬帝國體系的運作。受限於當時緩慢的通訊，皇帝必須就近監視駐守在東方，抵擋波斯侵略的龐大軍隊，否則將軍就會擁兵自重，打起紫袍加身、登基為帝的主意，這樣的教訓在整個三世紀屢見不鮮。然而，維持帝國體系運作的西部菁英，根據地又往往是在萊茵河邊疆，如果皇帝要親自坐鎮東方戰線，就必然會距離太遠，無法為其重臣提供具體的支援。因此從三世紀晚期開始，帝國通常都由兩位甚至更多皇帝分掌大權。

從一人獨裁在羅馬晚期屢屢失敗，我們可以知道分權共治是無法避免的發展，但是分割皇帝的權力，也將帝國體系的運作切得四分五裂。因為任何一個皇帝都無法調動所有資源，而且皇帝之間不時也會發生齟齬，就算彼此都出身同一家族也無法避免，而這些齟齬有時候還會演變成內戰。四世紀的羅馬三不五時就會爆發內戰，而且在內戰中喪生的士兵也愈來愈多，甚至超過了對抗歐洲蠻族的戰爭。（不過死傷最重的還是跟波斯之間的持續衝突。）也就是說，波斯崛起不但讓帝國體系失去調度經濟和人口資源的彈性，難以應付更進一步的問題，也讓羅馬更難統一動員各種資源。而當全新的威脅在四世紀末出現時，這兩項發展的影響也就再也無法忽視了。

外部衝擊

西元三七六年，夏末，兩支哥德蠻族出現在多瑙河畔，以締結軍事聯盟為籌碼請求羅馬帝國庇護。其中特爾溫吉人獲准進入羅馬，但格魯森尼人（Greuthungi）卻遭到拒絕。這麼做是為了控制損害，當時帝國東邊正與波斯打得難分難捨，戰線已經綿延上千公里，東部皇帝瓦倫斯（Valens）還需要兩年才能讓野戰軍撤回國內，沒有多餘兵力將這兩支哥德部族驅離羅馬疆域。

但瓦倫斯分而治之的計畫終究是徒勞無功。特爾溫吉人一跨越疆界，就因為糧食短缺而躁動不安。而羅馬人早就預期他們會引發騷亂，事先將糧食補給集中到各個城防森嚴的基地，不讓蠻族輕易擄獲，但這麼做也讓哥德人的怨氣瀕臨沸騰。當地羅馬指揮官很快就失去冷靜，安排了一場鴻門宴請哥德人的領袖前來參加。不過晚宴上的行刺失敗了，成為特爾溫吉人變亂的最後一根稻草。他們的領袖原本就一直跟格魯森尼人暗通款曲，這下後者也渡過多瑙河，攻進羅馬帝國，讓瓦倫斯在三七七年必須面對哥德人的聯軍。經過兩個作戰季節（campaigning season）後，瓦倫斯向波斯賠款議和，終於有了向西進軍的餘裕。他率領一支軍隊前往巴爾幹，而他的姪子西羅馬皇帝格拉蒂安（Gratian）則帶著另一支軍隊向東與他會合。但一場阿勒曼尼人的入侵耽擱了格拉蒂安，久候不到援軍的瓦倫斯失去耐心，朝北方的哈德良堡（Hadrianople），也就是如今位在土耳其和保加利亞邊境的埃迪爾內（Edirne）進軍。根據斥候回報，兩支哥德部族為了減輕糧草壓力已經分散開來，讓瓦倫斯有了突襲特爾溫吉人兵營的計畫。只可惜斥候中了哥德人的誘敵之策。三七八年八月九日早晨，東羅馬野戰軍展開奔襲，卻在路上遭到伏擊，格魯森尼人突然出現。遭遇戰成了大屠殺，皇帝本人和三分之二的軍隊都死在亂軍之中。雖然這段故事從某個角度來看，確實是場典型的蠻族入侵，但背後還有一層更重要的意義。

哥德人一開始並沒有想要入侵羅馬。但就像現代的人口大遷移一樣，我們不該低估人類在遷徙和尋找新天地時引發的危險與代價。在三七六年以前，哥德人早已成為羅馬帝國體系的一部分，若不是為了躲避從歐亞大草原踏著鐵蹄而來的匈人，他們也不會離開定居將近百年的內緣地帶，來到多瑙河畔。其中率先遭遇匈人燒殺擄掠的，是居住在如今烏克蘭一帶的格魯森尼人。經過短暫的抵抗，格魯森尼人便決定放棄家園，成群往西撤退，而這個舉動也擾亂了特爾溫吉人的生活。古代文獻對於匈人為何西來，始終缺乏令人信服的解釋，但近年來對冰芯（ice core）的分析指出，三七〇年代初期似乎有過不尋常的氣候變化，導致歐亞草原陷入長年乾旱。對匈人這樣逐水草而居的游牧民族來說，草原乾旱無疑是關乎生死存亡的危機。[5]因此，瓦倫斯遇到的，其實並不是來自羅馬帝國內緣地帶的挑戰，而是一場來自外緣地帶和遙遠草原的人口海嘯。

不只是帝國本身的影響力會在鄰近地區引發意料之外的政治變遷，當另一個超級強權在帝國勢力範圍之外崛起，原本天高皇帝遠的地方也必須積極應對新勢力帶來的危機與轉機。這些族群時不時會組織起來，試圖控制帝國疆界附近的土地。以羅馬來說，這些族群主要來自盛產琥珀與奴隸的波羅的海外緣地帶，而非帝國能夠直接控制的內緣農產重鎮。比如說上一章我們提到，三世紀危機時的各種變動，逐步蠶食著羅馬對萊茵河與多瑙河周邊地帶的控制力，而這些變動的源頭，正是外緣地帶族群的組織模式。三世紀初，哥德人和阿勒曼尼人原本都住在羅馬的外緣地帶，但隨著遠方的勢力興起，他們也逐漸形成強大的組織，朝羅馬的疆界逼近，以占據更富饒的位置。[6]早期的羅馬研究者，往往聚焦於這些動態後續引起的蠻族越境掠劫，但三世紀危機的成因其實是在更遙遠的彼方。這是因為，內緣地帶的族群雖然普遍比較富裕，

5 另一種可能，則是因為草原世界的政治持續往更大的帝國演變，匈人才會踏入歐洲，不過這兩種解釋並不互斥。

6 奧理略在二世紀打的馬科曼尼戰爭（Marcomannic Wars）起因也類似，今天羅馬圓柱廣場上的奧理略圓柱就是在歌頌這一連串的勝利。

組織也更完善，但他們同樣也更直接受到帝國支配，因此不太可能是動搖帝國體系的主力。

而外緣地帶的動態到了四、五世紀，就逐漸成為瓦解西羅馬帝國的主因。在三七〇年代下半葉，除了哥德人以外，許多原本住在多瑙河下游的部族也都開始逼近羅馬，而這還只是匈人離開歐亞草原，朝東歐甚至中歐大規模遷移所造成的第一波衝擊。在三七六年後的三十多年間，匈人從烏克蘭東境繼續進攻，越過喀爾巴阡山脈，征服了匈牙利大平原，而這到底是為了生存還是因為野心，至今仍沒有定論。我們只知道這又導致了第二次衝擊，而且受影響的地區已經來到多瑙河的中游，直逼帝國疆界。四〇五年，一支由許多部族集結而成的勢力離開了多瑙河流域，在哥德王拉達蓋蘇斯（Radagaisus）率領之下，穿過今天的奧地利，攻入了義大利半島。繼他們之後，又有一個同樣來自多瑙河地區，集結無數族群的鬆散聯盟在四〇六年底攻進羅馬本土。這個聯盟主要由四個族群組成，其中有多名國王率領的游牧民族阿蘭人、兩個各自獨立的汪達爾部族，和一群各自為政的蘇維比人（Suevi）。在這些族群裡，只有阿蘭人來自東方，他們在三七〇年代曾是哥德人的東部鄰居，但後來也被逼得不斷西遷，而其他部族則世居中歐。不同於去年的哥德人，這個聯盟選擇在四〇六年的最後一天，從萊茵河上游攻入高盧，但原因多半也是為了躲避匈人，因為大概到了四一〇年，他們的老家匈牙利大平原已經徹底成了匈人的草場。[7]

也就是說，四、五世紀之交的這次危機，基本上跟三世紀危機一樣，都是源自羅馬帝國體系的外緣地帶，以及更遙遠的彼方。儘管直接跟羅馬衝突的，大部分是被推入帝國中心的內緣族群。而且在危機的初期，羅馬除了損失少量土地，整個帝國體系其實都還有餘力應付，是匈人擴張的連鎖反應，才讓問題變得更大、更難收拾。由於波斯崛起，皇帝已經沒有多少備用軍力可以調度，此時這麼多不同的蠻族一口氣湧進羅馬的土地，就對整個帝國體系造成了前所未有的大規模破壞。

這些不請自來的外人泰半驍勇善戰、組織完備，因此帝國對他們的到來自然也充滿敵意和質疑。就像西元三七六年的瓦倫斯與哥德人一樣，這些衝突多數會演變成戰

---

7 這是中世紀的典型劇本，六世紀的阿瓦爾人、九世紀的馬札兒人也都遵循類似的模式，先占領黑海以北的土地，再向西攻入匈牙利平原。

爭，而獲勝的大部分都是羅馬。雖然哥德戰爭的結局，是哥德人於三七八年在哈德良堡大獲全勝，但在這之前，他們已經承受了許多次慘敗，包括好幾支被派去尋找補給的小隊都遭到殲滅。而且在哈德良堡戰役之中，哥德人也同樣遭受了沉重的損失，在接下來四年裡都無法取得決定性戰果，最後不得不在三八二年十月與狄奧多西一世（Theodosius I）簽下和平協議。三十來年後，拉達蓋蘇斯雖然攻進了義大利，但很快就在四〇六年夏天被羅馬軍平定。當時，許多追隨拉達蓋蘇斯的精銳戰士都被帝國開出的條件吸引，選擇加入羅馬軍隊，而他們的領袖則在佛羅倫斯城外被處死，許多運氣不好、地位較低的追隨者也慘遭屠殺，或是被販賣為奴，一度導致義大利的奴隸市場崩潰。至於四〇六年末的汪達爾與阿蘭人聯軍，羅馬則花了更多時間組織反擊，等到軍隊出發迎擊時，聯軍已經攻入西班牙，並開始瓜分此地。然而到了四一〇年代中期，羅馬已經發動一連串猛烈反擊，殺得阿蘭各部族為求生存只能化零為整，並徹底殲滅了汪達爾人兩大勢力中的西林部族（Silings），將其王室成員全數斬首或是俘虜。

但是，這些精采的戰果並不足以解決「蠻族」流離失所引發的問題，反而讓局勢往更糟的方向發展。雖然羅馬能夠一次次聚集強大的軍力發動反擊，但活過第一次衝突的蠻族，也為了活下去而重新組織起更大、更緊密的聯盟。在羅馬的土地上，特爾溫吉人和格魯森尼人之間的區別逐漸消失，並在三八〇年代，形成統一的哥德勢力，也就是後來的西哥德王國。到了四〇八年，西哥德王阿拉里克（約三九五至四一一年在位）趁著拉達蓋蘇斯與萊茵人聯盟先後入侵造成的動亂，朝西羅馬發起了一場意義重大的攻勢。踏入義大利半島後，阿拉里克招募了許多曾經和拉達蓋蘇斯一同入侵羅馬的人，這些人包括當時接受羅馬籠絡的菁英戰士（他們的家庭後來死於針對蠻族的大屠殺），以及不幸被賣為奴隸的人。同樣地，阿蘭人與汪達爾西林部族雖然在四一六年到四一八年之間被殺得落花流水，倖存者卻逃到了西班牙南部，加入哈斯丁王室的麾下，再次形成一個更大、更牢固的聯盟。西元四二二年，這個新聯盟就在西班牙南部的哥多華城外，靠著策反與羅馬同盟的西哥德軍隊，贏下一場意義不下於哈德良堡戰役的勝利。也就是說，匈人造成的巨大外來衝擊，在四二〇年代初期已經形成了極具規模的影響，促使內緣地帶的新移民在西羅馬帝國境內，組成了兩個穩固的大型聯盟。

在六十年左右的時間裡，這兩個聯盟持續壯大，最後消滅了西羅馬帝國，承其政統。這樣的結局絕非意外，而是因為此時兩者的實力都已像樹根一樣，鑽穿了羅馬的帝國基業。首先，他們在一次又一次的軍事勝利中，消滅了大量的羅馬士兵。在哈德良堡戰役裡，東羅馬派出一萬五千大軍，其中有超過一萬人死於伏擊（有些史家甚至認為損失還要乘上兩倍）。[8]至於西羅馬，根據一份四二二年的軍事統計，從三九五年到汪達爾人的哥多華大捷之間，西羅馬總共損失了三分之二的野戰軍。

羅馬精兵的訓練非常昂貴，但就算損失了一整個單位，只要有必要的資源，戰力依然可以及時補充。至少在東方是這麼一回事。哈德良堡戰役過後，哥德人便止步於此，無法繼續逼近埃及、小亞細亞、肥沃月灣等東羅馬帝國的糧倉與稅收重鎮。但西羅馬就沒這麼好運了。隨著西哥德人和汪達爾—阿蘭人聯盟在四二〇年代初期扎根於帝國境內，西羅馬的病根也一天比一天更深重，直到其滅亡都不見起色。

首先，兩個外族聯盟是直接威脅到了帝國的軍事與財政中樞。這些富庶地區三不五時就會捲入帝國與外族聯盟的衝突，損失大量良田、莊稼與牲口。在西哥德人攻占（四〇八至四一〇年）後的十年裡，義大利半島的中部與南部行省依然享有百分之九十的稅賦減免，而這顯然是替農業地區紓解戰火餘殃的標準措施。根據比較證據，農業地區大約要花二十年，才能從這些牲口、設備和建築損失中恢復，並償還重建時的借貸與利息。其次，如果外族聯盟獲勝後占領了富庶地區，羅馬也會永遠失去這些稅收來源。因此到了四二〇年代初期，西班牙大部分的地區都已經幾乎無法繳納稅賦，高盧南部和義大利中部、南部，也都尚未走出戰火的餘燼，不列顛更是直接脫離了帝國體系（詳細原因稍後會提到）。此般種種相加之下，西羅馬帝國損失了超過四分之一的稅收，其影響從前面提到的那份軍事統計就可見一斑。最後，東羅馬從哈德良堡戰役的損失中恢復了過來，而西羅馬從此一蹶不振。後者為了彌補四〇五到四二二年之間損失的兵力，只能大筆一揮，在兵籍冊上將既有的邊防軍升級為野戰軍，沒有資金招募「恰當」而昂貴的兵員補充。[9]

但更糟的還在後面。四三二年，汪達爾—阿蘭人聯盟渡過直布羅陀海峽，並在七年之後攻陷了西羅馬皇帝寶冠上的明珠：迦太基城，以及其治下最為豐饒多產的阿非

8 從《百官志》（*Notitia Dignitatum*）中關於東羅馬的部分，就能清楚看到這種影響。這些文件最早可以追溯到三九五年，其明顯少了十六個重步兵單位；也就是說在這二十年內，這些單位都沒有重新編制。

9 考古證據顯示，此役造成的邊防空缺，是靠雇用境外蠻族輔助部隊來填補的。

利加行省，即如今的突尼西亞與阿爾及利亞。四二〇年代後的西羅馬要維持手中軍隊，原本就已經十分困難，這次損失更是加速了惡性循環。失去土地意味著稅收不足，稅收不足則代表兵力減少，而兵力減少又顯示帝國將更難抵擋蠻族進一步攻陷羅馬的土地。因此我們可以說，是匈人帶來的外部衝擊，威脅到了羅馬帝國體系賴以維持的財政與經濟中樞。

內部分裂

西元四一四年一月，南高盧的羅馬古城納磅（Narbonne）舉行了一場盛大非凡的婚禮。新娘是西羅馬皇帝霍諾留斯的妹妹加拉（Galla Placidia），因此羅馬自然是傾盡了舉國之力。元老院議員阿塔盧斯（Priscus Attalus）奉命依循傳統，為這場世紀大婚譜寫祝婚歌，讓歌隊在新娘出嫁的路上演唱。也許你還記得我們的老朋友，那位帶著首都人驕氣出使西北邊境，結果後半輩子聲名掃地的敘馬庫斯，這位阿塔盧斯正是與他同期的晚輩。可惜的是，阿塔盧斯的詩作並未流傳下來，不然應該非常精采。這不只是因為納磅城的美麗景色（當地如今仍保留著壯麗的羅馬遺跡），更是因為婚禮的另一個主角：阿拉里克的妻舅、西哥德王阿陶爾夫（Athaulf）。而在這場婚禮的四年前，西哥德人才洗劫過羅馬城，並俘虜了加拉，如今卻要納她為后。

因此這場盛大的婚禮，主要是出於西哥德王國的精心策劃，為的是修復那次侵略後與羅馬的關係。但話說回來，那次洗劫也不是單純的侵略。當時阿拉里克的軍隊已經包圍了羅馬城十八個月，隨時可以破城而入。哥德人之所以沒這麼做，是因為阿拉里克想將羅馬城當作談判籌碼，逼霍諾留斯接受一項長期的政治協議。直到阿拉里克確定，霍諾留斯受其近臣的影響，毫無談判誠意，才下令軍隊進攻。在阿拉里克和阿陶爾夫看來，西羅馬帝國的政權仍將延續千載，兩人想要的只是讓哥德人用最好的條件加入帝國體系。藉著迎娶加拉，阿陶爾夫麾下的哥德戰士就能加入西羅馬日漸衰弱的野戰軍，獲得穩定收入。但軍隊依然由他統帥，如此他便能晉身帝國宮廷的重要人物。儘管懷著如此宏大的政治願景，他和阿拉里克都從未刻意避免與帝國發生衝突。當年在羅馬城，阿拉里克就曾借助哥德人的支持，擁戴阿塔盧斯稱帝。而這一次，阿陶爾夫又在高盧將他推舉為帝，甚至連他與加拉的婚姻，都沒有得到霍諾留斯首肯。

兩人婚後不久，加拉就生下一名男嬰，命名為狄奧多西，紀念她於三七九至三九五年在位的祖父：狄奧多西一世，他是霍諾留斯的父親，東西羅馬當今王朝的奠基者。至於霍諾留斯本人則沒有留下子嗣。為孩子取了這樣一個名字，阿陶爾夫顯然絲毫不想掩飾他角逐西羅馬帝位的野心。

不過，阿陶爾夫紫袍加身的美夢還是落空了。狄奧多西在襁褓中夭折，霍諾留斯也找到了更有能力的親信，證明了西羅馬威勢尚在，能夠控制新崛起的西哥德人。經過兩年的經濟封鎖，哥德人陷入饑荒，不得不接受定居西南高盧的條件，從此遠離西羅馬政治的中心義大利半島，和親策略失敗的阿陶爾夫，也被內部競爭者暗殺。根據新的協議，加拉回到了兄長身邊，哥德人則同意為羅馬戍守邊疆，對抗盤據西班牙的汪達爾人與阿蘭人。

不過，阿陶爾夫的竊國大計雖然功虧一簣，卻首次為我們揭露了隱藏在羅馬地主菁英之間的憂患，而這些憂患將繼續在西羅馬滅亡的過程中扮演重要角色，首先是加拉。或許是被成為太后的光鮮未來吸引，她看起來是自願和阿陶爾夫結婚的。不然的話，她的人生很可能會被軟禁在羅馬城中孤獨終老，以免有人利用她生下潛在的繼承人，攀上爭奪宮廷權勢的階梯。而阿塔盧斯的行徑也不稀奇，歷史上從來不缺渴望權力而不擇手段的政治人物。不過這段故事裡最驚人的，或許是儘管阿塔盧斯兩次謀篡都不是倚仗羅馬軍隊，而是依靠哥德人支持，卻還是能博得義大利和高盧的外省地主菁英支持。

雖然有一些跡象暗示，無論是阿拉里克率領的西哥德人，還是汪達爾人與阿蘭人的聯盟，都曾經從羅馬心懷不滿的下層階級招募人力，但證據並不充分。記載更明確也更具政治意義的，是有一部分羅馬地主菁英願意加入此時已經遍布其周圍的蠻族聯盟，例如說奧索尼烏斯的後人便是其中之一。四一〇年代的阿陶爾夫就在羅馬高盧（Gallo-Roman）地區贏得了一些支持；四三〇年代的汪達爾人，也帶著一些地位較高的羅馬西班牙（Hispano-Roman）人前往北非；不列顛尼亞（Romano-British）的居民，也曾為了保護自己的財產，在四二〇、四三〇年代招募北海對岸（主要是現在丹麥與德國北部）的盎格魯—撒克遜傭兵，抵禦來自蘇格蘭和愛爾蘭的強盜。

不過關於這些現象，最詳細的文獻還是來自活躍於四五〇年以後的政治人物。當時有位來自奧弗涅（Auvergne），名叫阿波利納里斯（Sidonius Apollinaris）的高盧貴族留下了一整本書信集，信中記錄了他身邊的高盧地主菁英如何與毗鄰的西哥德和勃艮第國王進行各式各樣的合作。[10]只要對方願意延續阿拉里克與阿陶爾夫的做法，用他們的軍隊支持西羅馬帝國以某種方式存續下去，希多尼烏斯和他的盟友都樂於合作。比如說在四五七年，西哥德王狄奧多里克二世（Theodoric II）就曾在西羅馬帝座空缺時，支持希多尼烏斯的岳父爭取帝位，並短暫獲得成功。為了感謝狄奧多里克，希多尼烏斯為他畫了一幅肖像，畫中的西哥德國王看起來一點也不野蠻，甚至可以說，就和歷代羅馬君主一樣文雅。同時完成的詩文中，強調了西哥德王禁止廷臣耽溺宴飲縱酒，而對羅馬人來說，放縱口腹之欲一直是野蠻的象徵。不過到了四六〇、四七〇年代之交，希多尼烏斯的圈子就開始招募私兵，提防起狄奧多里克的弟弟尤里克（Euric），並守護日漸萎縮的帝國核心。只是希多尼烏斯的合作意願雖有節度，其他高盧菁英對局勢卻有不同看法。到了這段時期，他有不少相識都已經成為西哥德和勃艮第王國的重臣，鼓勵這些新興王國積極拓展疆域。[11]

儘管有點反直覺，但偏遠地方的羅馬菁英不支持合法加冕的皇帝，卻將資源用在蠻族首領的身上，其實代表著在羅馬帝國晚期，各行省的在地社會已經逐漸成熟。這個過程不但讓奧索尼烏斯這樣的人可以站上政治舞台，也讓各地豪族有能力形成組織，擬定與追求自己的政治目標。早在三世紀波斯帝國崛起，成為東部皇帝的心腹大患之時，西部行省的地主菁英就常常支持重視他們利益的政治人物篡位稱帝，而高盧的地主又是其中最積極的一群。五世紀的狀況也沒有什麼差別，在各行省地主看來，此時西羅馬的政治中心早就病入骨髓，不少人已經考慮要採取更徹底的手段。

羅馬衰亡

羅馬衰亡的因素很多，每位學者對這些因素的輕重，也各有不同看法。但就本書要討論的問題而言，孰輕孰重並不是重點。重要的是，當代所有關於羅馬衰亡的討

10 四三〇年代末，被匈人擊敗的勃艮第人來到羅馬境內定居，而他們顯然明顯沒有西哥德聯盟強大。

11 分別為勃艮第王和西哥德王提供建議的顧問叫作夏格琉斯（Syagrius）和納磅的列奧（Leo of Narbonne）；還有一位名叫阿爾萬杜斯（Arvandus）的高盧禁衛長官，以及一名叫塞隆那圖斯（Seronatus）的副長官（vicar）也因為鼓勵鄰邦國王在高盧地區擴大地盤，而被判了叛國罪。

論，都脫離不了這些因素。

隨著帝國體系分崩離析，羅馬帝國陷入了衰落的惡性循環。強權之間的競爭，還有內緣地帶日漸茁壯產生的自主訴求，加上大量來自外緣地帶和更遙遠地區的移民，對帝國體系來說都是額外的壓力，而這一切都時時牽動著羅馬內部劍拔弩張的政治分歧。這些因素看似各自不同，但除了歐亞大草原降雨減少外，幾乎每一項因素都可以追溯到羅馬帝國體系運作引起的大規模變遷。帝國的領土擴張，直接導致了波斯在三世紀再度統一。經過羅馬帝國四百年的統治，萊茵河內緣地帶的財富逐漸湧現，吸引了來自外緣地帶，甚至是更遠地方的族群。這些交流又引發了長期的政治與經濟變遷，外緣地帶的蠻族得以日漸壯大，踏上羅馬的疆域，又在羅馬一次又一次的軍事反擊下，形成像汪達爾—阿蘭王國、西哥德王國這樣的穩固聯盟。同時，邊疆的發展和崛起也加速了東西羅馬分裂，並讓地方豪強有實力脫離帝國中央控制。

因此，無論你怎麼重建羅馬帝國衰亡的因果結構，都會圍繞著一個相當單純的敘事：隨著羅馬的擴張，邊陲的競爭實力也跟著增強，這讓帝國不得不兩面作戰，同時要抗衡波斯的威脅，又要防衛萊茵河前線。面對波斯這個國力相當的敵手，帝國體系失去了彈性，不再像過去那麼能承受外部衝擊，權力中樞也迸出了難以彌合的裂隙。此時，匈人突然從東方襲來，勉力維持的均勢徹底翻覆。帝國中央無法繼續保護每個地主菁英的利益，失去保護的人自然也隨風轉舵，投效其他勢力。

在接下來的章節中，我會論證現代西方危機的發展，和羅馬帝國衰亡的因素完全相同：來自外緣地帶和遙遠彼方的衝擊，以及連帶而來的大規模移民、自行其是的內緣地帶勢力、國力相當的競爭強權，以及日益高漲的內部政治壓力。當然，我們選擇用什麼政策應對這些問題，以及個別政策累積起來的影響，將會決定現代帝國體系如何在未來的幾十年內像羅馬一樣瓦解，以及瓦解的過程會有多相似。不過，了解羅馬歷史不僅能讓我們意識到這些問題全部都是帝國體系運作的結果，也能幫助我們更仔細分析目前採取的應對方針，和其長期而言可能導致的結果。目前的當代政治論述在引用羅馬歷史時，都集中於討論移民問題，因此我們分析的第一步，也是更靠近觀察這個當前最有爭議的議題。

第六章

蠻族入侵

「蠻族入侵」的意象在不少西方國家的極右翼修辭中很常見，他們認為歐洲文化在殖民帝國時代四處擴張是「善舉」，並聲稱如今南非和羅德西亞等前殖民地的發展是「白人種族滅絕」。

在西羅馬帝國曾經的版圖中，就只有不列顛島上的羅馬文明徹底塌散。拉丁文、羅馬莊園、教育、成文法、基督教，所有古典文明的象徵，都連同複雜經濟交流的跡象，從英吉利海峽以北消失了。在一九八〇年代，曾有人希望可以靠更新、更細膩的考古方法，找出過去忽略的後羅馬時期都市遺跡。但是花了四十年，我們只在赫特福德郡（Hertfordshire）的聖奧本斯找到一截翻修過的水管，還有在施洛普郡（Shropshire）的羅克斯特（Wroxeter）找到幾個不太確定是不是的柱洞。約克羅馬軍團總部屋瓦堆下，也曾發現過一些九世紀的盎格魯—撒克遜陶器，但後來證實這些並非總督府在九世紀仍然屹立的證據，而是穴兔小爪子的手筆。西元四〇〇年左右，羅馬軍隊開始撤離不列顛行省，城鎮也在這幾十年裡一座接一座消失，此時同樣消失的還有手工業與製造業，家庭自製的器皿取代了專業工坊的產品，硬幣更完全停止流通。整個社會千瘡百孔，連破掉的玻璃器皿打磨過後都能拿到市場上賣。

十九世紀中葉開始，學界對這片破敗最主要的解釋，就是盎格魯—撒克遜蠻夷的到來。雖然我們從很久以前就知道英語是日耳曼語的分支，只不過在諾曼征服時吸收了很多拉丁字彙。但維多利亞時代的歷史語言學家還發現，英格蘭大自城市鄉鎮，小到溝渠坑崁，幾乎每個地方的名字都是來自盎格魯—撒克遜語，而非凱爾特或是拉丁語。而當考古學界在十九世紀下半首次利用科學方法，鑑定出五世紀橫渡海峽而來的物質文化確實是來自歐陸北部，而非羅馬文化圈時，似乎沒有人感到意外。大量盎格魯—撒克遜人在這段時間陸續穿越北海，登陸不列顛島，消滅了島上的羅馬文化。沒有死在他們劍下的羅馬化凱爾特人，則逃往了威爾斯、康沃爾和布列塔尼。

後羅馬時期的不列顛確實兵荒馬亂、文明毀棄，但在五世紀末，整個西羅馬曾經的疆域幾乎都上演著相同的劇本。外來王朝取代了帝國統治，一個以大規模文化衰退、經濟凋敝聞名的「黑暗時代」就此展開。

第一次脫歐

近年的考古和遺傳研究，讓學界不得不重新深思，當時的盎格魯—撒克遜移民是否真能靠人口就淹過不列顛的羅馬文明。相較於其他的西羅馬故土，五世紀來到不列顛的外族確實多了百分之幾，但真正的差別並不在數量。在一九五〇年代以前，人們一直認為不列顛行省只不過是在表面上鑲了一層薄薄的羅馬文化，骨子裡依然是人口稀少的野蠻土地。當時還有個著名史家說，盎格魯—撒克遜人征服不列顛與其說是外來族群與當地人的戰爭，不如說是「人與樹的戰爭」。這樣的形容讓人們很容易想像整個過程就是一大群盎格魯—撒克遜人上了岸，把島上各自為政的零星人口趕去邊陲地區。然而，最近五、六十年來的研究都指出，這些認知完全來自一個大誤解。隨著考古探勘愈來愈密集，我們知道的羅馬時代聚落數量也呈指數增加。目前推算羅馬晚期的不列顛人口可能超過四百萬，是前現代時期的顛峰，而英格蘭人口再次逼近這個數字，已經是一千年後的黑死病前夕。要把這麼多人統統趕到西邊根本是癡人說夢。

隨著發掘的遺址愈來愈多，遺傳分析研究也有很多進展。其中一些研究結果還被極端民族主義者曲解，用來主張歷史上存在所謂的「英格蘭血統」，但這支血脈卻因為移民太多而岌岌可危。確實，現代英格蘭男性普遍擁有一個特殊的Y染色體突變，工業革命前的英國和歐陸很少有人口交流，而祖先在這之前就世居英國的男性裡，約有百分之四十到五十的人會擁有這個Y染色體突變。這個突變可能是來自歐陸北部的某個地方。但要主張，盎格魯—撒克遜時期的英格蘭人因為外來移民的關係，如今已經只占總人口的一半，單憑這點證據還遠遠不夠。我們不可能確定這個突變確切的出現時間，也就是說它很可能是男性凱爾特人、盎格魯—撒克遜人和維京人之間共通的基因特徵，而這些人都是在歷史上的某個時期，從歐陸北部的某個地方渡海來到不列顛的。就算真有辦法確認它是專屬於盎格魯—撒克遜人的特徵，我們也只能測出它分布在二十一世紀現代英國男性體內的狀況，無法得知它在當年遷入不列顛的盎格魯—撒克遜人身上有多普遍。在五世紀和六世紀，盎格魯—撒克遜移民占據了不列顛南部大部分土地，這代表他們要取得食物和其他財富，會比別的族群容易很多。後續研究的建模也顯示，只要多給這些移民一點點繁殖優勢，擁有該基因突變的男性，就能在很短的時間內，從總數的百分之五到十輕易增加至百分之四十或五十。而以當時盎格魯—撒克遜人的社會地位而言，他們的優勢絕對不只一點點。相比哥德人和汪達爾人占領的環地中海地區，不列顛的入侵者確實比較多（前者通常不超過當地人口百分之一），但遠遠稱不上大軍壓境。不管怎麼看，五、六世紀之交的盎格魯—撒克遜人才是人丁稀少的一方，他們和為數眾多的羅馬化不列顛人之間互動也很有限。而根據目前的遺傳學研究，世界上也不存在所謂的「英格蘭血統」（或是法蘭西血統、挪威血統）。[1]

羅馬文明會從不列顛徹底消失，真正的關鍵並不在北渡而來的移民規模，而在於談判的規模。彼時歐陸的新興聯盟不斷擴張，控制了愈來愈多原本屬於羅馬的土地，而當君士坦丁堡在四六八年遠征汪達爾人失利後，西羅馬更是毫無抵抗之力。但這些土地仍舊屬於羅馬的地主菁英，因此西哥德和汪達爾的國王，乃至於後來的法蘭克與東哥德統治者，都必須和這些土地原本的主人談判。畢竟這整個菁英集團確實掌握了一些重要的談判籌碼，比如對大量農業生產者的現成社會控制力、權力意識形態，還有行政管理，特別是徵收稅賦的能力，而這些都能幫助才剛建立的國家穩定下來。既然如此，歐陸上每個想累積實力的君王，都會樂於跟他們談判，以便取得這些協助。於是在海峽南邊的許多地方，帝國衰亡後的社會秩序依然離不開羅馬地主菁英，而許多羅馬文明的重要元素，也因為這些人的共同努力而留存下來。在某些地方，羅馬的法律和財政系統都持續運作了好一段時間。基督教和菁英拉丁文化也活了下來，成為後來每個歐陸王國的核心要素。

當然，羅馬地主在談判中也不是沒有付出代價（因此我們有理由懷疑，他們並不完全是自願加入這種利益交換）。羅馬的繼業者王國都是靠戰爭建立的，國王也是由追隨他們的戰士所推舉，而每個王國成千上萬的戰士中，一定會有一些格外驍勇善戰的人，期待能從勝利獲得更豐厚的回報。一旦覺得回報不如預期，這些追隨者就會毫不猶豫推翻國王，找另一個人取而代之。有土斯有財是古今不變的道理，這代表著國王手中要有非常多田產，才能滿足麾下的追隨者。雖然每個王國都有一些公有地，但數量遠不夠滿足這些戰士，因此每個羅馬地主都必須讓出一些手中的地產。王國愈小，地主要讓出的土地原則上就愈多。只要願意犧牲一部分土地，羅馬地主就能多少保留一些財富，並將自己掌握的大量文化，傳授給蠻族的菁英階級，和他們拉近關係。就連十八世紀以來一直跟盲目暴力劃上等號的汪達爾征服者，到了北非以後也很快就學會欣賞羅馬式莊園和拉丁文詩歌。六世紀下半葉曾有一位拉丁文詩人在學成以後，從北義大利搬到了法蘭克，他發現在克洛維（Clovis）孫輩的宮廷裡，無論是法

1 在DNA的層面上，所有歐洲後裔都混合了遠古三個獨立族群的血脈，差別只在各地的比例不同：首先是在最後一次冰河期後率先移入歐洲大陸的漁獵者；接著是在西元前四〇〇〇年左右來自近東，在歐洲大陸上繁衍生息的農耕移民；最後則是一千多年後，才從歐亞大草原到來的最後一波人口。

蘭克還是羅馬背景的贊助人都很喜愛他的詩作。即使羅馬帝國滅亡，歐陸的羅馬地主菁英依然靠著談判而來的影響力，確保西方世界依然是由拉丁文和基督教統治。

這就是不列顛歷史和其他西羅馬故土最根本的差異。盎格魯—撒克遜「蠻族」在五世紀來到不列顛島的理由和情境，都跟歐陸的親戚完全不同。後者是因為匈人遷徙帶來的衝擊，才不得不踏進羅馬疆域。在五世紀前半，他們還必須跟當時仍然兵多將廣的西羅馬對抗。

然而，同一時期的不列顛已經逐漸脫離中央控制，並在羅馬被拉達蓋蘇斯、汪達爾—阿蘭聯盟，以及阿拉里克率領的西哥德人打得手忙腳亂，陷入長期動盪之際宣布獨立。這次叛變過後，不列顛行省的羅馬地主完全被帝國體系給捨棄，這些人雖然在五世紀前期仍然保有地位，卻已經沒有保護自己的力量，而一次次拉下臉請求帝國重新駐軍不列顛，也始終沒有得到回應。少了帝國軍隊的保護，地主們必須自行籌組民兵，才能抵禦源源不絕從蘇格蘭和愛爾蘭前來挑選戰利品的強盜。很快地，他們就轉而招募歐陸北部的盎格魯—撒克遜戰士團，以充實手裡可用的兵力。根據唯一可信的敘述資料，局勢大約是在四四〇年代初開始惡化，此時的外族傭兵就算霸占了雇主的土地，也已經沒有人可以阻止，發現這點的盎格魯—撒克遜人立刻開始從老家招募更多戰士團加入這場盛會。一支支盎格魯—撒克遜移民就這麼跟隨各自的首領，將土地一塊塊納入掌中。從這方面來看，盎格魯—撒克遜的入侵，其實跟早年的邊陲族群很像。這些外族在實力成長後，也是這麼蠶食多瑙河與萊茵河之間的沃土，以及外西凡尼亞達契亞的帝國疆域。

這種發展也意味著，不列顛南部從來不像歐陸一樣有機會跟入侵者大規模談判。而且，由於羅馬帝國大軍已經撤離，盎格魯—撒克遜戰士團的領袖也不必放棄獨立，服從某個軍事霸主的權威。他們一座接著一座，夷平了不列顛島上的羅馬莊園，消滅了羅馬的地主階級，也連帶掃去了他們所代表的文化價值。最後一次求援送到西羅馬的中樞時，汪達爾人正好攻陷北非，帝國承受的壓力已經大到再也湊不出資源，拯救水深火熱之中的不列顛尼亞地主。真正讓不列顛在羅馬衰亡後進入黑暗時代、完全喪失羅馬文明、淪為異教統治，並斷絕拉丁文傳承的，並不是蠻族遷徙，而是它選擇與羅馬化世界切斷聯繫，是它在歷史上的第一次脫歐。

民族遷徙與帝國末日

因此，羅馬時代的民族遷徙中，只有盎格魯—撒克遜人的狀況，稍微接近傳統上野蠻人摧毀偉大文明的敘事。而且就算是不列顛南部的結局，也有其根本原因，「蠻族」的暴行只是其中一小部分。在西羅馬的其他地方，民族遷徙主要並不是為了入侵和掠奪，而是為了逃離匈人引起的混亂，這整個過程雖然並不和平，但也在一連串談判中，保留了舊帝國文化的關鍵面貌，注入新的世界秩序之中。說到羅馬的衰亡，現代人往往會著眼於「蠻族入侵」，而上述的故事並不符合我們長久以來對這段歷史的印象，但這些民族在羅馬衰亡時期的遷移模式，卻可以換個方式利用，幫助我們理解現代西方和周邊地區當前遇到的遷移現象。

要談現代的遷徙，有兩點是無論如何都不能繞過的。首先，遷徙是物種生存的基本策略，人類的歷史就是從流散開始的。我們為了尋找更豐饒的獵場，或是更宜居的家園，橫跨了整個非洲，踏上其他大陸。儘管並不是每次都很成功，但腦容量的成長讓人類得以利用衣服、工具、食物加工等技術，不必靠生理的演化來適應環境，並在不同環境中生養眾多。因此，從關於人類遷徙的比較研究中，我們可以得到一個顯而易見的結論：只要有交通方式和資訊，且政治制度沒有施加額外障礙，人口永遠都會從貧窮地區流向富裕地區。但另外一點是移民一定有代價。要離開家鄉和自己愛的人前往陌生的新世界，大部分的人都會很掙扎，而且一路還有很多危險和不確定性。在羅馬時代晚期，你可能會遭到殺害或是被賣為奴隸；而在現代，你可能會像報導中的難民兒童一樣，淹死在海上被沖上海灘。遷移向來都充滿了風險和哀痛。

在機遇、必要性和困難的基本分布下，帝國的發展循環往往會對遷移帶來某些更具體的影響。我們在前面看過，帝國擴張時往往會主動提供誘因來促進大規模遷移，比如新的經濟機會、安全保障、運輸路線，甚至是直接鼓勵遷移的政策，而這一切都是為了替帝國中心獲取更多利益。移民固然能藉此改善自己的生活，但從中受益最大的，仍是帝國的整體發展。羅馬在成為帝國後，就從義大利半島派出了非常多人，前往新行省協助當地發展。但各行省也很積極從帝國疆域之外吸收勞動力，其中自願與非自願的都有。現代西方帝國也和羅馬擴張時一樣，從核心地區向擴張邊境輸出殖民者，只不過整個過程更加戲劇化。這是因為西方帝國擴張時，正好遇上了一場前所未有的人口轉型，醫療和營養改善，結合當時仍相當高的出生率，使得歐洲人在當時居然占了全球人口的四分之一（見第二章）。這樣的人口背景降低了從系統邊界外吸收勞動力的需求。但話雖如此，新的土地仍有一些不受歡迎的職務，可怕的奴隸貿易就是為了填補這些需求而產生的。

不過在一九四五年以後，這個模式就反轉過來了。英國、法國和荷蘭這些前殖民帝國紛紛敞開大門，迎接來自過往殖民地的移民。至於不曾建立帝國，或是當初落敗退出帝國爭霸的國家，則是從外國引進外籍勞工（guest worker），比如德國就大量從土耳其引進勞動力。按照規劃，這些外籍勞工本來都應該在工作合約到期後返回自己的國家。然而這些「外國客人」常常都會留下來，原因也不難理解，畢竟過了這麼多年，他們普遍都已經有了自己的家庭，各國的足球隊也不想失去旗下最優秀的球員。與此同時，美國、加拿大和澳洲等過去依靠移民補充勞動力的國家，都發現歐洲的人力來源正逐漸枯竭，只好轉而招募開發中國家的移民。

出於對羅馬末年蠻族入侵的印象，人們很容易直覺地想用海潮來比喻帝國和移民的關係，想像外國人總在帝國崛起時匆匆退去，又在帝國顯露衰象時滔滔湧入。這種意象在不少西方國家的極右翼修辭中很是常見，他們認為歐洲文化在殖民帝國時代四處擴張是毋庸置疑的「善舉」，並聲稱如今南非和羅德西亞等前殖民地的發展是「白人種族滅絕」。有些特別激進的主張甚至警告，西方的白人將會被「取代」，因為當代的蠻族已經推翻了過去西方帶給殖民地的進步，並一步步帶著威脅逼近帝國的核心地帶。伊斯蘭國正橫掃敘利亞和伊拉克等西亞的文明搖籃，留下滿目瘡痍和斷垣殘壁，這與汪達爾人的姦淫擄掠之間，幾乎有著不言可喻的相似之處。移民就是現在盤據羅馬城門前的蠻族大軍。放他們入關必然毀壞我們的財產、變亂我們的文化，暴力犯罪也會增加。而最壞的結果，甚至是西方人將被徹底取代。然而，儘管在西方各地怨恨現況的選民之間，這種比喻確實獲得了一些支持，但它背後的連結完全錯了。即使不論背後可議的價值觀，現代西方帝國和移民之間的關係，也和羅馬帝國末年完全不同，兩個時代的人口流動，本質上自然也天差地遠。

二十世紀中葉，歐洲人口爆炸正接近尾聲。西方的繁榮使得各國正在一九四五年後，愈來愈有資源執行「從搖籃到墳墓」的福利體系，大方提供退休金和健康保險。

同時，個體也變得愈來愈富有。在二次大戰後的二十五年裡，西方國家每年的人均收入年均成長都在百分四到六之間，這意味著個人收入大約每十年就會多一倍。隨著經濟不安感下降，家庭規模也跟著縮小。既然每個人老年都能得到政府照顧，退休金也有了保障，自然就不再需要養兒防老。同時，幼兒存活率提高，夭折反而變成特例，西方的出生率在戰後嬰兒潮帶來的短暫成長後，就長期往下降的趨勢前進，整個社會完全走向「生育轉型」（fertility transition）的第二階段。戰後迄今，美國家庭平均生養孩子數量已經減半。在經濟合作暨發展組織所列的已開發國家之中，只有冰島和以色列家庭的生育量足以維持現有人口（維持人口替代率通常需要每個女性生二・一個孩子）。其他國家的國內出生人口都在減少，其中又以德國、義大利、匈牙利和日本最為急劇。

生育率急劇下降導致大多數歐洲國家不再像過去一樣，能夠為世界經濟提供寶貴的人力資源，反而要想方設法填補自身的勞動力需求。而最簡單的人力來源，顯然是過去屬於殖民帝國邊陲的開發中國家，因為在一九四五年過後，這些地方也開始跟十九世紀的歐洲國家一樣，享受到醫療和營養進步帶來的大幅人口成長。在二十世紀中葉，只有開發中世界能找到大量的剩餘勞動力，而西方國家自然也沒什麼理由拒絕。正因如此，我們完全無法用羅馬末年的「蠻族入侵」來類比現代移入西方的人口流動。

反觀西羅馬末年，四世紀末和五世紀初的民族遷移，是由匈人造成的外來衝擊所引發的。而後來在羅馬疆土上發生的事，基本上是因為移入者自己持續調整組織，形成規模更大的政治聯盟。這個遷移過程從開始到後續發展，都超出了羅馬的控制力。但現代遷入西方的移民，始終都受到引進國的勞動力政策控制。即使在移民最多的美國，「非法移民」也從未超過總人口數的百分之五。

許多右翼政客都對移民議題發表過誇張的言論，比如英國脫歐黨的黨魁法拉吉（Nigel Farage），就曾跑到英吉利海峽上去找所謂的「移民船」；英國前首相強森也曾在談論「失控」的移民時，要人們以羅馬帝國的衰亡為鑑；美國保守派評論家布坎南（Pat Buchanan）更是把非法移民比作哥德人。然而這些言論其實是建立在一個大錯特錯的類比上：**當今美國的無證移工生活非常不穩定，跟一千五百年前在北非享受羅馬式生活的汪達爾戰士，完全沒有共通點**。前者必須在生活中保持戒慎恐懼，隨時注意移民執法官員會出現在什麼地方，以便隨時逃跑。他們的孩子飽受各種汙名，時時恐懼著父母遭到遣返，從此再也見不到面。而且，非法移民和其家人的身心健康往往比美國人還要糟糕，卻很難獲得醫療照護。即使有相關服務，移民也會害怕暴露身分而放棄。這些人和盤據在羅馬城門前的野蠻人沒有絲毫共通點，他們無法形成大規模的組織，更不可能建立軍事聯盟，憑著武力闖越邊境，奪取並占領大片的土地資產。最近，匈牙利通過一項法律，允許警察不經正當程序就把尋求庇護的外國人逐出邊境，進入該國的人數立刻減少了超過百分之七十。如果可以靠立法就制住蠻族，羅馬皇帝大概作夢都會笑。

更重要也更基本的是，當代移民和財富的關係，跟古代完全不同。在羅馬末年，有組織的大規模移民，必定會對某些人造成大量損失。哥德人、汪達爾人、盎格魯—撒克遜人和其他外族的目標，都是奪取同一種關鍵資產：土地。而奪取土地的過程，要麼是像在不列顛一樣直接消滅原本的主人，要麼是像在歐陸一樣靠著談判瓜分而來。隨著外族奪走愈來愈多土地，帝國中央的稅收也逐漸枯竭，最後走向敗亡。相較之下，現代經濟卻能以過去根本無法想像的方式成長，讓新的國民變有錢並不需要犧牲現有國民的財富。這也是為什麼一九四五年以後，西方政府普遍都很歡迎移民，面對戰後的勞動力短缺，他們認為移民有助於增加經濟規模和稅收來源。

整體來說，這個判斷是正確的，不過最近的研究也開始更細膩地描繪移民對經濟的影響，強調移民對整個社會的影響並不均勻，而不再只是一股腦歌頌他們帶來的幫助。在其他條件都相同的時候，因為引進移民而獲益的往往是富裕階層，而非傳統勞工。在大量引進移工的國家，工資成長幅度明顯比勞力緊縮的國家更小。另外，我們現在也更清楚地意識到，移工需要技能培訓、語言課程等各種額外協助，才能真正對當地國的經濟有所助益。但即使考慮到這些成本，研究仍普遍顯示移民能為輸入國的經濟帶來淨利，這跟一些西方政客的說法正好相反。國際貨幣基金組織一份廣受引用的研究就推算，每增加百分之一的移民，長期的國內生產毛額就會成長百分之二。反移民政客有時會辯稱自己不是反對移民，只是反對「壞移民」，意思是非法或是所謂「低技術」移民，雖然實務上這兩種身分通常會重疊。然而，即便是低技術移民，帶來的經濟利益也超過成本。好比說在美國，非法移民占總勞動力的比例，高於他們占總人口的比例，這代表他們裡有非常多人在積極參與美國的生產活動。

總之，從一九四五年以來，對西方國家的經濟動能來說，移民已經是不可或缺的角色了。但移民對西方世界的發展還有其他貢獻，某種程度上，西方人的生活是直接由他們在維持的。要知道為什麼，我們需要先回顧西方財富成長和小家庭化造成的長期後果。

一九四五年後，西方進入空前的繁榮，但這很快就造成一個矛盾。繁榮讓家庭迅速小型化，出生率也快速降低，而人們的預期壽命卻急劇增加。戰後的美國人平均壽命是六十七歲，現在則是七十九歲。但是跟義大利一比，美國人還是很短命：在同一段時間裡，義大利的預期壽命從六十歲一口氣提升到八十三歲。更教人咋舌的則是日本人，直接從五十二歲增加到八十四歲。從各種角度來看，這都是了不起的成就。更長壽、更健康、更有錢、更有閒的人生確實值得推崇，但也會拖累經濟發展，因為勞動人口的比例減低了。

一九六〇年，日本的退休人士只占全人口的十分之一，現在這個比例已經逼近三分之一。美國和英國則各自從大約百分之十成長到百分之十五和十八左右，雖然沒那麼戲劇化，但依然不容小覷。這代表經濟依賴者與勞動者的比例，也就是扶養比大幅增加。在一九六〇年，每一位參與勞動的日本人只需要扶養一個人，而且大多數受扶養者都是即將進入勞動力市場的兒少。但如今，每位勞動者都要扶養兩個人，而且大部分受扶養者都已經離開了職場。於是，大量財富與其後續影響，在西方勞動市場上創造了巨大的缺口，而這些缺口通常都要倚靠移民來填補。

扶養比增加對某些領域造成的壓力更為沉重。隨著壽命延長，老化相關的慢性疾病變得更普遍，糖尿病、關節炎、帕金森症、失智症都愈來愈常見。法拉吉當初就是將英國健保成本上漲，歸咎給移民產生的過度需求而一戰成名。確實，英國醫院的病房裡到處都是外國人，但他們大多都是醫療人員！為英國健保署（NHS）工作的醫生中，有超過三分之一來自國外，大致符合經濟合作暨發展組織會員國的平均值。當然，這對開發中國家就造成了一個問題：每五個從非洲醫學院畢業的醫生中，就有一個最後會到海外工作。

因此，讓西方福利國家面臨愈來愈大壓力的，並不是外國人湧入，而是各國戰後大繁榮的後果，因為繁榮延長了平均壽命，並大幅提高了扶養比。外國培訓的醫生和護士不僅讓許多公共系統免於崩潰，還將培養醫療人員的大部分成本，轉嫁到其他國家身上，為西方納稅人省下大筆預算，因為每一名醫生的培訓成本，都高達三十萬美元以上。如果沒有這些外國醫事人員，澳洲和加拿大的醫療系統都將無法運作。從摘水果的短期工，到維持企業運作的長期人員，移民在經濟活動中的角色可謂至關重要，沒有他們的話，西方幾乎不可能保持一直以來的生活方式。因此，無論現在還是在可見的未來，西方政府面對移民議題時的衡量，都和羅馬末年截然不同。

築牆！

西方各國的選民中，有很大一部分已經對移民滿懷敵意。他們擔憂就業、收入和文化凝聚力，邊境混亂的移民營和西方城市不時發生的伊斯蘭恐怖攻擊，更加深了他們的恐懼。這股反感已經累積到相當強大，對選舉造成了一些重大的影響，像是脫歐、川普、德國另類選擇黨（ＡｆＤ）、匈牙利的奧班等勢力崛起。就連一些比較主流的政客，也在設法減少國家對移工的依賴。然而，在人口老化和扶養比增加的時代，任何實質減少移民的措施，都必然會妨礙經濟繁榮。在脫歐限制來自歐洲的移民後，英國就面臨慢性勞動力短缺，不僅成本提升，勞動力供給也不足，這點對於家裡要翻新的人，以及在機場等行李的人，想必都再明顯不過了。

在可能的政策光譜上，西方國家最極端的做法是直接關閉移民的大門，以保護社會政治和文化現狀。現代日本基本上就是採取這個做法，讓移工非常難獲得永久居留權，或將家人帶到日本生活，藉此嚴格限制移民數量。但這麼做的代價也很高昂。日本的經濟從一九九〇年代初開始，基本上就陷入停滯，幾乎不再成長，唯一成長的只有平均年齡和對公共服務的需求。全力限制移民的政策，導致日本勞動者要扶養的退休人數，遠遠超過已開發世界的其他地區。如今全日本有百分之三十的人口已經退出職場，而總稅收則有超過一半都被分配到社會福利和保險預算上。這代表政府需要大量借貸，才能支付從教師工資到垃圾清潔的其他費用。因此，絕對禁止移民，似乎也代表經濟絕對衰退（以及開發老年護理用的機器人）。雖然從日本的社會凝聚力和低犯罪率來看，這個模式也有其他潛在的好處，但代價確實相當沉重。老實說，就算是日本，近年來也開始允許照護中心引進移工，並開闢讓移工可以獲得永久居留權的法律管道。

因此，另一種更常見的政策選項，是主張維持接收移民，並採取嚴格但不失彈性的限制，而且可能的話優先接收種族文化相似的移民，例如說川普就是出於這種考量，才說要吸納來自挪威，而不是非洲「糟糕國家」的移民。但是，指望其他發達的國家大規模移民並不現實，因為幾乎每個經濟合作暨發展組織國家的生育率都在下降，各國的經濟前景差異也不大，不可能有大量人口選擇承擔文化差異和遷徙成本移居他國。要達到有實質幫助的規模，就只能靠還在生育轉型第一階段的邊陲地區，這些地方的兒童存活率已經顯著提升，但家庭規模才剛開始隨之縮小。

還有另一種解決方案是所謂的「需求導向」移民制度，也就是已開發國家允許通過嚴格審核的移民進入，以填補特定技能短缺。提倡者宣稱這種政策不會壓低工資，也不會對社會系統造成壓力。有部分民族主義政客選擇這種方案，以減少整體移民數量，但如果要真正發揮移民的作用，這種做法是不可能減少移民總量的。如果英國像加拿大或澳洲一樣，從每個人的經濟用途來判斷是否允許移民，反而會吸收更多移民。為了保持國內勞動力和扶養比的平衡，加拿大採用相當需求導向的政策來審核移民，每年接收的移民人數大約占其總人口的百分之一。如果人口是加拿大兩倍的英國也採用這種政策，就等於每年接收六十五萬名移民。此外在新冠疫情期間，各國也意識到「必要勞工」（essential worker）[2]的重要性，這些勞動市場上的重要成員未必身懷高深的技術，卻有很多人來自國外，因此如果需求導向移民政策是基於理性評估，而非為了緩解選民焦慮，就必須適當考慮到低技術勞動力的缺口。這一點在最近的英國十分明顯。多年來，政府一直在妖魔化東歐移工，並在新冠疫情高峰時要求他們返國，而當這些人全部回國後，許多英國的農場都無法採收了。因此，要「合理」解決勞動力不足和扶養比過高的狀況，就很難達成脫歐選民想要的「拿回英國」。離開歐盟或許能減少中、東歐的移民，但最後還是要從非洲、亞洲或南美洲等開發程度較低的地區引進移工，而且數量可能會更多。

雖然羅馬末年的大規模「蠻族」入侵，從任何角度來說都不能類比當代西方的移民，但這段歷史還是可以當作一個很好的對照，並從中了解理解為什麼不能這樣類比。羅馬末年外族遷移的形式和現在不同，而且很快就變成用暴力奪取土地資產。相比之下，一九四五年後來到西方的移民，為輸入國帶來的經濟利益遠多於損失，而且

2 譯注：指能源、水利、食物、運輸等維持社會運作所必須的職務。

隨著西方人口高齡化和扶養比攀升，整體利益只會有增無減。就像日本一樣，各國可能仍會出於文化和政治原因選擇非常廣泛的移民控制措施，但嚴格的移民控制最終必將在老齡化人口和停滯不前的生產力背景下降低一般生活水準。無論對於移民本身、對接收移民的社會，還是對他們離開的國家，遷移都是有代價的，但至少政治人物需要誠實說明其中涉及的權衡。如果他們至少偶爾提到現代遷移最重要的一面，可能會得到更好的結果。

過去一百年確實發生了有史以來最大規模的人口遷移，但只有一小部分進入西方。無數開發中國家的公民離開農村的家園，規模遠超過古代人數最多的「蠻族」入侵，但他們絕大多數都聚集到附近的沿海或河岸城市。深圳、聖保羅、拉哥斯、孟買以及其他好幾百個城市，都在短短幾十年間從殖民地前哨站，變成巨大的都會區。相較於來到高齡化的西方，替我們填補勞動力缺口的移民，這些遠在幾千里外的人口移動，才是西方維持繁榮與全球影響力真正的挑戰。

第七章

權力與邊陲

二十一世紀二〇年代的西方國家面臨著許多曾挑戰，他們必須思索新的世界秩序會如何形成。正如三、四世紀的羅馬面臨著波斯帝國與邊境部族聯盟的挑戰一樣。

一九九九年原本應該是柯林頓最美好的一年。那年他剛從彈劾之中安然脫身，美國經濟繁榮，股市如日中天，民調同樣高居不下，他在眾議院發表的國情咨文也充滿勝利的喜悅。他計畫以同樣的風格迎接這一年的結尾，在西雅圖舉行最新一次世界貿易組織的國際部長級高峰會，以慶祝西方模式在全球各地的勝利。

在一九四五年後的半個世紀裡，西方各國政府一直遵守著布列敦森林會議的設計，推動著全球化貿易的目標。無論是早年的《關稅暨貿易總協定》，還是後繼的世界貿易組織，一直以來的典型做法都是由少數富裕國家決定某項協議，然後當作既成事實塞給其他國家。但是到了一九九九年，開發中國家已經渴望在談判桌上擁有一席之地，也有能力將美國堅持排除的議題排入議程（特別是要求已開發國家開放農業市場）。於是很不幸地，這場高峰會完全超出了柯林頓的預期，從工會到環保團體，各方發起的示威抗爭讓西雅圖街頭直接停擺。同時，印度和墨西哥等重要國家也號召其他開發中國家結盟，共同反對一項柯林頓打算忽視他們意願、強行推動的協議。聯盟中許多國家仍受到美國在一九九七金融風暴期間提供援助所施加的撙節條件所苦。隨著抗議愈演愈烈，警方宣布全城進入緊急狀態、國民警衛隊進駐城內，會議廳內的討論也陷入停滯。最後，柯林頓公開表示議程無法繼續推進。

現代的邊陲不是發動入侵，而是靠外交對美國領導的西方帝國發出警告射擊。在整整半世紀的貿易談判中，帝國中心首次被迫停下腳步。那麼，到底是哪裡變了？

全球化

戰後的繁榮讓西方的生活更加優渥，也讓西方各國更依賴原殖民地生產的資源。但經濟成長卻沒有讓大多數第三世界國家跟著成長，而是維持著相對落後的狀態。某種程度上，這是因為大多數新興國家採取滿足內需為主的進口替代策略，也就是以本土製造的產品取代過去殖民時期進口的西方工業產品。這種策略的目的是同時維持政治和經濟獨立，但矛盾的是，國家也因此離不開後殖民體系的邊陲地帶，各國的在地新興工業依然必須依靠西方的技術與機械。於是進口替代策略意外延續了舊時代的經濟模式：出口食品和工業原料等基礎物資給西方國家，並用收入購買西方的工業產品。

但是到了一九七〇年代，戰後秩序逐漸解消。新興國家雖然靠著先進國家對初級產品的大量需求，在獨立之後紛紛繁榮起來，並鞏固了製造業的基礎，但是當進口替代模式達到極限，高成長就停止了。在國內市場飽和後，新興國家的工業只能選擇跟隨初級產品一樣嘗試出口，但多數工廠用的機械，都是從西方購買的二手、日漸過時的機型。新興國家既沒有機會取得新技術，也爭取不到投資，因此難以在全球經濟市場上競爭。

不過此時，西方的戰後繁榮也在消退。一九四五年就一直停滯的通膨率，在一九六〇年代開始急速攀升，在一九七〇年代達到駭人的兩倍之譜。當然，這有部分也是因為兩次石油危機的推波助瀾。一些邊陲國家為了控制全球經濟的石油流量，組成了石油輸出國組織（OPEC），將每桶原油的公告價格調漲四倍，來從西方國家吸走更多金錢。正是在這個時期，西方的勞動生產力開始停滯，勞動人口的比例也隨之縮小。兩個發展都推升了勞動成本。如此發展，最後的結果就是高通膨、低成長的「停滯性通膨」，從英國首相卡拉漢（James Callaghan）到美國總統卡特（Jimmy Carter），許多一九七〇年代的政治人物都因這場惡夢夜不成寐。到了一九八〇年代初，西方經濟已經陷入衰退，物價每個月都在上漲，抵押貸款利率攀升至百分二十。在收入減少的同時，人們又多了更多花費，這使得政府愈來愈辦不起「從搖籃到墳墓」的社會福利計畫。

經歷各種失敗的計畫、補貼和無效的國有化之後，西方政治人物摸著石頭走向了一個更激進的解方，一個由傅利曼（Milton Friedman）、海耶克（Friedrich Hayek）等「新自由主義」（neoliberal）經濟學家所推崇的新理念。他們提出大幅削減公共支出，放棄由政府主導的凱因斯模式，並以極端的自由市場取而代之，鼓勵企業對這世界予取予求。由於戰後的各種科技進步，現代工業生產已經變得更容易，產品變得更輕便，距離對價格的影響也隨之降低。在早期，工廠往往需要蓋在靠近主要原料和主要市場的地點，以降低昂貴的運輸成本。但是隨著零件縮小和塑膠普及，如今每一趟運輸可以塞進更多貨物，其中最明顯的例子就是電視機，五〇年代那種在木頭外殼裡塞滿笨重金屬與玻璃的龐然大物，很快就成了古董。運輸成本也隨之下降，在貨櫃出現以前，貨物需要靠工人塞進船艙和卡車貨斗，產品常會在運輸過程中摔下來，但這些新發明的鋼鐵大箱子不但可以從產地到目的地全程封閉，杜絕意外滑落，還大大減少了物流過程所需的人力。現在只要靠一名起重機司機，就可以把無數貨櫃從卡車吊上火車，再從火車吊上貨船，卸貨也一樣輕鬆，無須在每一個物流節點都聘請大批工人裝卸。最後，從傳真機到網際網路，通訊技術的進步也讓企業能即時監控海外供應商的營運，並將愈來愈多生產環節轉移到更遠的地方。

但是要充分利用這些推動新時代的技術前，企業必須消除過去限制他們在海外營運的障礙與規範。而這就需要政治人物介入了。從一九七〇年代末的柴契爾（Margaret Thatcher）和雷根（Ronald Reagan）開始，西方政府逐漸取消規範現金跨境流動的資本管制，並減少稅收。同時他們還利用外交與金融手段，逼迫開發中國家開放國內市場，接受對外貿易和外來投資。世界銀行和國際貨幣基金組織對這些國家的援助計畫，也開始附上各種「條件」。各國政府需要減少貿易障礙、國營企業私有化，或是解除市場規範，開放外國公司和投資者進入，才能獲得財政援助。

就這樣，西方打開了全世界的門戶。邊陲國家政府此時最關心的，就是滿足人口成長帶來的就業、住房和服務需求；而當進口替代策略達到極限後，這些需求又變得更為迫切。與此同時，各國在獨立初期仍需要政府保護的商業菁英階級也對自己的競爭力有了信心。比如印度的塔塔家族，就是仰賴一九五〇、六〇年代的國家保護發展起來，並在此時準備踏上世界舞台。他們期待獲得外匯、更廉價的生產要素，以及新的市場，而這些都需要減少公部門的控制。正好，新興國家的政治界也不乏尋覓新票源的政客與渴望改變的技術官僚，這些獨立世代的菁英，有不少人都是在西方大學接受教育，十分樂意嘗試新的經濟管理模式，減少國家對資源分配的控制。商業菁英和政治菁英便這麼一拍即合。

而且，這些國家還有一群成績輝煌的前輩可以模仿。戰後，以美國為首的西方世界為了抵禦蘇聯威脅，以及整個共產世界在一九四九年中國赤化後的如虹氣焰，開始積極培養地區性的平衡力量。他們利用貿易政策促進日本與南韓、台灣、新加坡與香港（當時仍是英國殖民地）等「亞洲四小龍」的經濟發展。基於政治因素，這幾個國家都享有「不公平」貿易的特權，能在保護自身產業免於進口競爭的同時，相對不受阻礙地進入西方市場。於是，這五國拋棄了進口替代，轉而採取所謂的「開發中國家」成長方針，培植汽車、電子等關鍵出口產業，並開放其他經濟領域的進口。這套方針的成果很是驚人。有好一段時間，南韓經濟每六年就成長一倍，讓人很快就忘了在一九七〇年代以前，北韓仍是比較富裕的那一邊。這讓西方國家十分滿意，因為他們同時得到了急速成長的市場，以及一群滿足於自由榮景的盟友。

下一步則是思想交流。西方政府準備讓資本在全世界自由流動，而開發中世界的菁英也準備讓外國企業（往往是西方公司）在國內設立子公司，或是與塔塔家族這樣的在地企業簽訂合約，以便利用國內的勞動力，將進口零件組裝為成品，出口到西方市場。而前一章最後談到人類史上最大規模的人口遷移，就是支撐這場經濟大霹靂的最後一個要素。

在一九四五年後的幾十年裡，邊陲世界的人口不斷從農村湧入主要城市，尋找獨立建國時承諾的機會。相較湧入西方的移民，這股人流浩大了何止百倍。而這也意味著在全球化浪潮來到時，許多開發中國家的城市，特別在是沿海地帶，就已經有了好幾億來自農村的移民。這些人最初是想來新興的工業部門謀份差事，但進口替代能給予的就業機會非常有限，因此成功的人並不多。然而，他們卻因此獲得了基礎教育，因為獨立後的政府往往會大量投資各級學校與大學。於是當西方國家放鬆管制，開發中國家的勞動力水壩裡，早已為前來的企業儲備了大量擁有基本技能與識字能力的工人，而成本卻不到西方同級工人的十分之一，有時甚至只要五十分之一。

雷根和柴契爾時代的新自由主義全球化，替西方企業啟動了這些資源豐沛的勞動力水壩。企業紛紛將紡織和汽車零件等勞力密集的組裝過程，轉移到第三世界，而需要更高階技能的白領職務，例如設計、工程和管理則留在本土。漸漸地，新自由主義的世界觀傳出了最初的保守政黨，甚至連左派也大致接受。無論是柯林頓政府，還是布萊爾的「第三條路」，都放棄了過去主導西方經濟的凱因斯主義。德國在二十一世紀初推動的「新中間派」哈茨方案（Hartz-Konzept）更是直接減少社會福利，以「鼓勵」求職者就業。後來法國總統馬克宏的改革計畫，也是以減少稅收和調整勞動法令為主軸。政府不再大有為地管理經濟，為企業與公民創造繁榮的條件，而是將一切託付給自由市場，期盼「理性的自利」（enlightened self-interest）能產生對社會有益的結果。新自由主義模式的一大關鍵是重新強調教育，而這背後的概念，是因為舊工業瓦解而失業的西方工人可以靠著教育，取得更有市場價值的新技能，也就是那些叫礦工去學寫程式的陳腔濫調。由於在一九九〇年代初，大部分開發中國家的市場都已經開放，西方的生產流程很快就遍布全球，並讓西方得以主宰一切。這是因為西方的私營投資者，以及像戰後快速成長的退休基金等巨型機構投資者，都需要更高的回報，才能實現對客戶的承諾，因此非常積極提供推進全球化所需的資本。

這些革命性的策略在很短的時間內就像預期中一樣，讓西方企業的利潤恢復到過去的水準，股價與稅收也隨之上漲。西方政府也因此有辦法選擇維持、甚至擴大社會福利支出。貿易自由化和生產外包，也讓試圖提高工資的政治人物最起碼能抑制通貨膨脹，因為現在每個人都可以買到價格低廉的亞洲進口商品，不必為了昂貴的本土產品捏緊荷包。但實際上，現代全球貿易模式的成本效益關係（economic calculation）已經演變成了古羅馬的鏡像。在羅馬世界，運輸的成本非常高昂，而勞動力則非常便宜，因此所有貨物都盡可能在接近消費市場的地方生產。而在全球化時代，運輸成本卻變得極其低廉，只需要數台電腦和十幾或二十幾個人，就能操作如今的大型散裝船，勞動力變成最大的成本，因此貨物都在勞力廉價的地方製造，然後運往世界上其他地方。在全球化的初期，特別是在一九九〇年代，這種新的國際秩序似乎對每個人都有好處。第三世界終於繁榮起來，西方的股市也節節飆升。

然而，並不是每個邊陲社會都因此得利。有些國家完全被政治人物的貪婪綁架。薩伊共和國（今剛果民主共和國）的財富就被長年執政的強人塞科掠奪了三十多年；

馬杜洛（Nicolas Maduro）統治下的委內瑞拉，也是一個缺乏經營的典型案例，其經濟成長低迷，通膨率連年上升，導致長期的物資短缺。有些國家雖然因為高層頭腦清楚而獲益，但進口替代時期的家長式治理（paternalism）也一去不返，整個社會體系變得充滿競爭、毫無保障，國民必須竭盡全力才能生存。儘管有這些弊病，但普遍來說，開發中國家只要積極回應新的機會，經濟成長通常就會加速，並創造出新的產業和就業機會。雖然長期以來，人們都假設邊陲地區的成長注定比較緩慢，而且永遠都會比曾經的殖民帝國窮，但新的趨勢正逐漸浮現。事實上，邊陲的成長之所以比較緩慢，只是因為他們起步較晚。在一九八〇、九〇年代，許多開發中國家的對外貿易都愈來愈蓬勃，南韓、印度這些國家的成長更尤為顯著。而在成長最快的社會中，利益也得以廣泛分配，產生了一個由全球消費者組成的新中產階級。

在表面的共榮之下，邊陲地區的成長勢頭，其實正慢慢將西方推離支配世界的王座，正如歐洲北部經濟和人口的長期擴張，一點一滴摧毀了羅馬賴以崛起的古老勢力平衡。在耶穌誕生的前後一百年裡，地中海龐大的資源足以支持羅馬征服大片歐洲北部。然而當北方的資源得到充分開發，帝國邊陲就開始反抗核心的統治，然後建立起新的基地支配南方的地中海。工業時代的發展也很類似，只不過速度比農業時代快了許多，像是一九四五年後為西方利益服務的布列敦森林體系，正是制定於美國實力空前強大的時刻。但是到了一九八〇年，邊陲地區的新興經濟大國開始採取一些細緻的手段，試圖改變戰後的勢力平衡。包括印度、巴西、巴基斯坦和墨西哥在內的開發中國家，都開始調整姿態，在國際會議上發揮更大的影響力並建立聯盟。這些國家能這麼做，不只是因為國力成長，也不只是因為他們想替自己和其他開發中國家謀求更好的協議，更重要的是他們掌握了一件價值日益成長的籌碼，也就是西方國家最迫切需要的廣大市場。

從這些發展來看，開發中國家早晚都會將其日益增強的經濟實力，以及愈發致密的治理技巧，轉化成更強大的政治影響力。一九九九年秋天下午，西方公民團體走上西雅圖的街頭，抗議他們所見，西方世界因新自由主義全球化而發生的不公不義。然而，真正的行動並不是發生在街頭，而是在大樓的會議室裡。當催淚瓦斯籠罩街頭時，樓上的開發中國家代表也同聲一氣，拒絕了由美國掌控的密室交易，整場會議於是草草收場。兩年後，世貿高峰會又在卡達的首都杜哈召開，這次開發中國家繼續結盟，將會議的重點放在第三世界國家的發展上。此舉對一九四五年以來，為了在去殖民化時代維持西方主導地位而建立的全球秩序，無疑是一記致命打擊。

但就像羅馬一樣，內緣地帶的驕矜自滿並非西方真正的問題。在遙遠的過去，歐洲北部花了好幾百年慢慢崛起，永遠改變歐洲的勢力天平，讓地中海再也沒有本錢成為帝國基地。然而這段過程非常漫長。我們前面說過，盎格魯—撒克遜人滲透不列顛南部，以及法蘭克人在萊茵河以西的擴張，都只是羅馬帝國衰亡史中比較次要的部分。羅馬帝國覆滅的主因，是匈人對外緣地帶造成的壓力，促使蠻族在羅馬疆域上形成新的部落聯盟。戰後秩序也是同樣的道理，儘管全球化動搖了布列敦森林體系，但還不足以顛覆原有的地緣戰略。然而，在內緣地帶經濟被全球化所重塑的同時，更強大的挑戰者也在西方帝國體系的外緣悶著聲崛起，對西方的全球霸權形成威脅。

中國症候群

在人類大部分的歷史中，大約每四個人就有一個人生於斯、長於斯，因此在十九世紀西方崛起、東方衰落以前，中國一直都是全世界最大的經濟體。在西方列強的屢次侵辱下，大清在十九世紀中葉陷入內戰，而十九世紀晚期仿效日本的變法維新，[1]又被龐大的既得利益階層腐蝕一空。這個時代的中國經濟不只比西方落後，在實質層面同樣退化到野有餓殍的慘狀。到了一九四九年中共建政之時，整個中土華夏已是風中殘燭。毛澤東先是打算建立自給自足的封閉經濟體制，卻反而加劇了衰退。等到他在一九七六年去世，中國人的人均所得只剩大約每年二百美金，不到美國的四十分之一。這段時間的中國幾乎完全與戰後西方帝國脫節，外部貿易在國內生產毛額中占不到十分之一。

儘管一開始幾乎難以察覺，但毛澤東一死，中國就發生了天翻地覆的轉變。經過瘋狂的幾個星期後，鄧小平等新世代改革者就推翻了堅信共產主義教條的「四人幫」（其中包括毛澤東的遺孀江青），在北京建立起新的掌權集團。雖然官方明面上依然延續著毛澤東路線，他的肖像也仍舊掛在天安門廣場的正中央，但鄧小平已經在檯面下小心翼翼展開一場新的革命。從一九七八年的局部農業改革開始，新政府漸漸加快腳步，逐步開放工業與貿易。到了一九九〇年代，中國已經完全回到世界舞台，經濟產出中的對外貿易，在短短十五年間成長了四倍，其活力堪比當年的亞洲四小龍。到了二〇一六年，中國百姓的實質生活水準已經比四十年前富裕二十五倍，人均所得也超過美國的四分之一，並且還在成長。一九七六年的中國在全球工業生產中可以說是微不足道，但如今已經占了將近四分之一的產值，並再次（或即將，看你用什麼指標）成為全世界最大的經濟體。

沒有人能忽視這個歷史巨變的意義。中國崛起的影響雖然尚在發酵，卻已經重重震撼了全球的經濟勢力版圖，也必將在政治上帶來同樣規模的衝擊。我們可以說，這基本上是西方帝國首次面對真正同量級的超級大國競爭對手。前蘇聯的經濟實力從來追不上它的軍事野心，提供的經濟援助也只及於少數附庸國，無法進一步擴張全球影響力。俄羅斯聯邦總統普丁（Vladimir Putin）雖然重拾冷戰修辭，試圖恢復大俄羅斯的榮光，但也改變不了什麼。現在的俄羅斯經濟主要是靠賣石油和天然氣在支撐，而

1　譯注：中國洋務運動始於一八六一年，而日本明治維新的開始時間有多種說法，從一八五三年黑船來航，到一八七七年琉球處分皆有。

這並非長遠之計，因為全世界都在積極擺脫石化燃料。普丁在二〇二二年入侵烏克蘭後，俄羅斯經濟就因為西方的制裁崩潰，凸顯其基礎脆弱與局限。同時，俄國雖然不時能成功利用網路戰破壞西方世界的民主，並取得可觀的戰果，但畢竟還是或多或少需要依靠在地協力者協助廣發釣魚信件、資助破壞性政治宣傳，或者重複傳播假新聞。而俄羅斯長久以來吹噓的武器，就算是碰上烏克蘭這個規模遠遠不及的鄰國，也顯得笨重、過時且往往不堪使用。

中國則完全是另外一回事。雖然其軍事實力尚未受過大型衝突的考驗，但其國內生產毛額仍占了全球經濟的百分之十六，而俄羅斯只占了百分之二。中國的威權政府還能限制私人消費和社會福利等領域的公共支出，將一半左右的經濟產出轉向新投資，這數字約為多數西方國家（比如英國）的兩三倍，習慣節儉的瑞士甚至連中國的三分之一都不到。這也意味著中國有大量的閒置現金可向海外投射權力。

目前為止，中國雖再次成為超級大國，但由於其地位和開發中國家的經濟動能密切相關，目前主要還是在軟實力的戰場上發揮作用。儘管全球金融體系依然由西方主導，卻已經愈來愈依賴開發中國家的金流，如今香港、新加坡、上海和杜拜的重要性，已經不下倫敦、紐約和蘇黎世等傳統的金融中心。同時，中國也趁著西方國家削減對外援助的預算，補上了這塊空白，靠著金援外交爭取到許多盟友。如果你曾去過衣索比亞的首都阿迪斯阿貝巴，或是尚比亞的首都路沙卡，見識過當地新蓋的無數摩天辦公大樓、購物中心和中國鋪的公路，就會知道中國在非洲大陸擴張影響力的腳步有多迅速。這也是為什麼一個個政府會紛紛拋棄台灣，宣稱台灣只是蔣介石在中國共產革命期間，帶著國民黨政府撤退過去的叛變省分，並承認北京才是中國唯一的合法政府。

不過最近，中國也開始想要展現更硬的實力。他們放棄了毛澤東時代大規模徵兵的舊式人民軍隊，改為建立更小規模、更專業化，且裝備最新型武器的作戰部隊。在過去幾年裡，中國已經打造了兩艘航空母艦（目前還有四艘正在建造），[2]在家門口附近建造了一系列軍事化的人工島礁，並在亞洲和印度洋地區建立了一系列軍事基地。無論是加強對香港的控制，還是提升台灣周邊的軍事演習強度，都可以看出中國

2　譯注：中國的第三艘航母福建號已經於二〇二二年六月下水，並配備有三台電磁彈射器。

正積極利用軍事資產來獲取區域影響力，這個趨勢已經引起了亞洲鄰國政府，以及美國的擔憂，但更糟的是，美國的影響力正在下降。正如三世紀的羅馬一樣，現代西方帝國也面臨著另一個超級大國的競爭。即使中國崛起仍像波斯薩珊帝國一樣，尚未立即動搖西方的超級大國地位，但它確實已經構成了各種直接和間接的挑戰，西方不可能永遠逃避下去。

除了終結，歷史還有什麼？

一九九二年柏林圍牆倒下後，法蘭西斯・福山（Francis Fukuyama）說出了那句著名的宣言：今天的我們已經到了「歷史的終結」。他宣稱西方的自由民主模式已經征服全球，人類的意識形態已經進化到上天設定的最終階段，全世界都終將成為自由民主的資本主義國家。即使在當時，這說法聽起來也有點狂妄，而如今回頭看來也確實是妄想。過去幾十年裡，大規模的內部遷移為內緣地帶大部分地區的經濟帶來高速成長，而中國更從外緣地帶一飛沖天，登上世界舞台。這清楚顯示了，即便西方主導全球的地位尚未傾覆，也的確首次遭受了挑戰，而且是強而有力的挑戰。這些發展絕非曇花一現。如今的全球富豪榜上有許多億萬富翁出身南半球，而且數量年年上升。許多邊緣經濟體也擺脫了長期落後，成為全世界發展最蓬勃的經濟體。事實上，現在成長最快的經濟體，都位於過去的外緣地帶。中國重返全球經濟中心是一個非常重要的現象，但西方面對的挑戰遠不只是中國崛起。印度過去的經濟成長率慢得簡直像是笑話，但最近幾年來卻已經超過中國。此外，二〇一九年全球成長最快的十五個經濟體中，有六個位在非洲。西方想像中的非洲，仍然充斥著饑荒與疾病的刻板印象，但現實是兩地的經濟落差已經逐漸縮小。

相較於成長減緩停滯的西方，中國和整個開發中世界展現出的經濟活力，也讓一些人開始認真反思民主的失敗，以及所謂威權體系的優越性。儘管獨裁也有一些缺點，但至少他們能把事情辦成，而部分西方政府在新冠疫情中荒腔走板的應對方式，更令這種觀點甚囂塵上。加上如今大多數的新財富，都是從帝國中心地區之外產生的，因此在部分西方人眼中，西方價值觀正漸漸失去光彩。但這些人似乎沒有看見，全球生產毛額大部分依然集中在西方，而新冠疫情期間應對最好的東亞國家，也是韓國和台灣這些民主國家。福山當年的必勝信念雖然毫無說服力，但當前崇尚獨裁的風潮也同樣缺乏理智。若有人要認真思索未來可行的替代方案，以羅馬史為鑑倒有可能是條出路。

從羅馬帝國和周遭世界互動的發展來看，確實會讓人很想斷言，現代西方帝國已經走到了三、四世紀衰落凋零的階段。這段時間的波斯重新崛起，成為與羅馬爭雄的超級大國，而歐洲的邊陲疆域也日益茁壯。這些挑戰都不容易克服，但如果再仔細分析，就會發現西方目前面臨的，簡直就像西羅馬在四二〇年代後被新一批部族聯盟侵門踏戶，喪亂之極、國將不國的景況。但威脅現代西方的，並不是「蠻族」移民愈來愈多，畢竟如今移民對於已開發國家的經濟和社會，其實是利大於弊（第六章）。五世紀的羅馬之所以衰亡，真正的原因是內緣地帶的流亡族群在其疆域上建立了一個又一個聚落。當時的財富來自農地，而「蠻族」占地為王，就等於是從中央手中奪去財富的來源。而面對稅收遽減的處境，中央政府仍必須設法履行對帝國公民的義務，這自然會重創整個帝國體系。

而在現代，過去的殖民地邊陲並沒有理由入侵核心，因為現代的財富來源並非農地，而是工業生產的機械設備，只要將機械設備大規模遷移到邊陲國家的領土上，財富來源就會大規模轉移。換句話說，現代邊陲國家的軍隊並不是由士兵，而是由工人組成的。古羅馬和現代西方的資產轉移，都是為了應對嚴重的危機，但是應對短期危機的臨時措施，往往都會導致意想不到的長期後果。

在四一〇年代，西班牙和高盧行省上冒出的聚落，原本只是應付匈人崛起造成大規模移民的權宜之計。這些聚落雖然很快就在邊陲形成強大的政治勢力，但在帝國中央仍是西羅馬疆域上最強的勢力。直到這些部落聯盟在四三〇年代擴張到北非時，經濟和政治力量的重心，才開始大幅往外轉移。這個過程繼續發展，到了四六八年，君士坦丁堡想要揮軍北非，消滅汪達爾王國以挽救西羅馬時，早已為時已晚。以西哥德人、汪達爾人和勃艮第人為首的新興邊陲國家，很快就征服了西羅馬最後的農地資產，消滅帝國中央最後的一絲影響力。而現代西方是否也注定走上類似的道路，因為生產資源大量流失而徹底離開舞台呢？

面對現代西方的相對衰落，以及中國崛起帶來的潛在威脅，西方政府普遍都採取了兩類對策，試圖回歸，或者至少仿造出過去的美好時光。川普政府的策略，是限制中國的經濟發展，制止其軟實力繼續成長，這點從他們一直致力推動更嚴格的貿易協議就能看得出來。此外，一些西方政府也開始重新展示軍事力量，以遏制中國從事他們眼中的投機行為，比如英國國防大臣就在二〇一九年宣布將派遣新的航空母艦進入南中國海。隨著中國的足跡持續往周邊地區擴張，逼近美國在太平洋長期以來確立的勢力範圍，局勢必然持續升溫。最悲觀的看法甚至警告，兩國競爭很快就會陷入「修昔底德陷阱」，也就是當原本占據的主導地位開始衰退，必然會跟新崛起的挑戰者發生衝突。

這些強硬對策對某些西方受眾或許很有吸引力，但並沒有取得太多成果。中國政府迅速制止了英國國防大臣的冒險行為，挑明了提醒倫敦現在已經不是十九世紀。當時英國能宣揚自由貿易的福音，是因為它有軍艦可以逼迫中國市場接受其工業產品和印度鴉片。但如今，英國卻需要中國許可才能進入中國市場，而且在脫歐之後，英國還迫切希望能跟中國達成新的貿易協定，這讓英國政府不得不迅速妥協，舉杯稱頌兩國「牢固而具建設性的關係」，同時澄清至少在未來幾年內，不會將該航母派往任何地方。

即使美國的影響力比英國更強，但它能從這場競爭中得到什麼好處，目前還看不出來。川普曾保證，對中國發動貿易戰「很好也很簡單」，但最後卻對美國造成了更多傷害。他聲稱自己在二〇一八年加重關稅，是為了逼中國回到談判桌上，而這些成本將會由中國企業負擔。然而，最後其實是美國人付出了物價上漲、出口減少，以及在僵局期間失去大約三十萬個工作機會的代價。而且在這段期間裡，美國的工業產值也下降了，中國卻只需要增加對其他市場的出口，就能取代消失的美國市場。從過去幾十年來和中國密切的經濟關係來看，美國能用來傷害對手經濟的策略，都會對國內經濟造成相應的附帶損害。

對此，羅馬史給我們最重要的教訓是，想要保住既存的優勢地位，跟挑戰者正面衝突絕不是什麼好辦法，如果整個時代的發展都在跟你作對，那正面衝突更是大忌。羅馬和波斯始終互看不順眼，除了爭奪邊界、貿易網和附庸國，也在意識形態上彼此競爭。雙方都宣稱自己乃是奉天承運，卻又各有各的全能天神，這就注定了兩邊的世界觀必定水火不容。不過到了三世紀末，羅馬和波斯都已經心知肚明，自己沒有能力制伏對方，此後的衝突也不是真的要打擊對方的帝國體系運作，而是一些用來宣揚國威的小打小鬧。而當兩國在四世紀末同時遇到草原游牧民族入侵時，就很快放下過去的爭端，從相互猜疑轉為積極合作，甚至還有位羅馬皇帝稱彼此為「天穹中的雙星」。

當草原游牧民族的威脅在六世紀左右消退時，羅馬和波斯很快就回到了以前的對抗關係。東羅馬皇帝查士丁尼大帝的統治期間就相當窮兵黷武，充滿了投機的軍事行動。這一套對他來說還算行得通，儘管有一些重大損失，但還是打了夠多勝仗，可以聲稱自己得到上帝支持。但長遠來看，他的投機行為也導致兩個帝國不再像過去一樣自制，一次又一次提升對抗的規模，尋求更大的勝利。這個敵意螺旋在七世紀初的二十五年大戰（六〇三至六二七年）中來到最高峰，最後導致兩個帝國完全破產。剛統一的伊斯蘭世界立刻抓住這個權力真空，徹底改變了地中海與近東的歷史走向。波斯帝國在六五〇年代初完全覆滅，而東羅馬也像我們知道的一樣失去大片領土，從統御天下的帝國，降格成君士坦丁堡內的區域強權。

這個道理很簡單，但卻很值得重視。中國的力量不會消失，直接在經濟或政治領域對抗中國肯定會得不償失。現代武器意味著超級大國之間萬一發生衝突，被摧毀的很可能不只是彼此，整個地球也會一起陪葬。即使是比較節制的長期對抗，也可能會讓汙染、人口、疾病、全球暖化等需要合作才能解決的問題，變得無藥可治。因此，西方政府應該謹慎選擇戰鬥的時機，只有當中國的行為威脅到西方珍視的原則，或是全球秩序的穩定時，才出手對抗北京，遏制中國對待少數民族的方式、有違反國際法或條約之虞的行為（香港就是不該放過的案例），以及對台灣一天比一天露骨的惡意。儘管雙方在這些議題上的分歧，或多或少都關乎中國的命根，因此談判起來必定不容易，但西方絕不該輕易放過自己的基本原則。

西方還需要善用其最有戰略性的資產：聯盟。多數西方國家都屬於某個強而有力的軍事同盟，不像中國一樣單打獨鬥。但一直到最近為止，西方都頗有自廢武功的傾向。各國的利益差別很大，協調起來本就不易，但比起川普鼓吹的美國優先，或是英國脫歐以後的單打獨鬥，結盟還是比較有利。就拿英國來說，退出歐盟意味著它為了和美國達成貿易協議，就必須討好美國政府，放棄以廉價中國設備建立現代化通訊基礎建設的「戰略」（請原諒我沒有更適合的說法）。但中小型國家若是單打獨鬥，在面對真正的強敵就會處於弱勢。相反地，在普丁入侵烏克蘭時，西方聯盟就迅速形成一致的立場，調度了大量軍備和各種物資援助烏克蘭，對俄羅斯實施毀滅性的制裁。

有鑑於過去的帝國邊陲在這幾十年間，已經積累了大量經濟與政治實力，最直覺的做法就是擴大現有的西方聯盟，拉攏印度、南非、巴西這些對西方自由民主理念有基本認同的開發中國家，並藉這個過程中建立起更廣大的同道聯盟。這些國家中原本就有一些在積極設法拘束中國的勢力擴張（特別是印度）。因此擴大聯盟雖然代表西方得放棄一部分原有的主導地位，卻更有機會在必然來臨的後帝國時代中，保留西方價值的精髓。

這套策略最大的好處，是能在國際談判中建立起足以有效平衡中國的勢力。但這套策略要成功，也需要西方國家採取更開放的姿態，還可能需要在外交領域提供更多金援。中國之所以能在開發中國家得到這麼多有力的貿易協議和投資機會，原因之一就是它比許多西方國家更慷慨。而且，和前邊陲國家進行更實質的來往雖然是比較有前景的策略，卻違反目前西方政治修辭的氛圍，也就是削減對外援助預算，全力扶持國內產業或出口商的利益。英國曾經擁有全世界最受信賴的對外援助部門，但政府卻在二〇二〇年決定將其併入早已臃腫不堪的外交部裡，並堅持繼續建造航空母艦，而這也許為保守黨爭取到了一些選票。然而在世界舞台上，這等於是放棄了英國最有影響力的軟實力法寶，轉而揮舞明眼人一看就知道外強中乾的硬實力武器，因為飛機不足，英國航母的甲板上有一大半都是美軍的飛機。

但這套策略的問題也不只是錢。近年來，許多第三世界民主國家都有威權抬頭的跡象，因此西方政治人物如果想採取更積極來往的外交方針，就會面臨另一個挑戰，也就是要面對潛在合作對象的懷疑。考量到過去幾百年來的剝削史，這些國家確實有很好的理由懷疑西方的動機。比如說在烏俄戰爭中，西方各國的中央政府都一直強調俄羅斯如何受到世界孤立。但事實上，超過全球半數人口所在的國家，都在決定是否譴責俄羅斯的聯合國大會上做出選擇。非洲有很多人跟政府都認為，在這場與他們無關的衝突中選邊站毫無益處，況且前蘇聯也在當年的獨立中提供不少幫助，支持他們對抗如今這些疾呼要團結的前殖民者。

同樣的歷史背景多少也能解釋，為什麼中國能順利跟許多開發中國家建立良好關係。中國雖然常因為對侵犯人權的國家提供援助而飽受批評，但它確實很遵守不干預內政的原則（principle of non-intervention），藉此在對西方殖民記憶猶存的開發中國家之間博得良好的名聲。反觀西方，我們到現在還能選出對殖民史近乎一無所知的領導人，像是英國首相強森甚至曾在二〇〇二年說過非洲「也許是個汙點，但並不是我們良心上的汙點」這種話，暗示非洲最主要的問題，是他們不再受英國的統治。這也難怪中國的做法會如此有效。多數非洲人都很清楚，他們是花了多少力氣，才能在長期經濟剝削與政治壓迫的背景下建設國家。而這也能夠解釋，為什麼二〇二二年西方聯盟想要孤立俄國時，非洲國家卻顯得無動於衷。畢竟當年他們試圖孤立實行種族隔離的南非時，哪裡有獲得這等支持呢？

如果西方真的有心遏止中國繼續滲透邊陲國家，就必須停止目前這種暗示「為了守護西方的偉大，可以在必要時犧牲開發中國家」的敘事，積極協助其他國家增進整體繁榮、改善社會與政府結構。具體來說，這代表西方應該拓展帝國的核心，在國際組織和談判中廣納不同的聲音，提供的條件也要比柯林頓的一九九九年西雅圖高峰會更公平。老實說，有不少當年在高峰會上發難的國家，都是很好的候選盟友。

這個更大的同盟將以民主法治精神，而非西方文明為號召，而有能力領導和協調同盟的，依然只有美國。為了貫徹這樣的角色，美國必須壓抑長久以來的孤立主義傳統，選擇更有獲益潛力的國際合作。西方帝國的其他政府也必須為這個計畫付出相應的資源，以讓美國選民更容易接受。北約和歐盟近來的經驗，還有西雅圖高峰會後的世界貿易組織走向都指出，要維持愈多國家的凝聚力，就需要在外交上付出愈多努力，才能調和各國之間經常分歧的意見。當然，每個國家各自努力也是一種選擇，但獨自下決定雖然簡單很多，卻往往毫無價值。

此外，讓更多國家加入同盟，平等開放地討論成員各自的需求，也有助於讓現代西方文明的結晶，成為全球新秩序的基礎。雖然西方曾靠著掠奪邊陲國家的財富來成就自己的發展，但法治、相對公正有效的公共機構、相對自由的新聞傳播，以及能夠問責的政治人物的觀念，也大幅改善了其他國家的整體生活品質。因此對西方批判最猛烈的人，反對的往往不是西方的個人自由和民主價值，而是它們對非西方世界常常說一套做一套。讓我們迎合那些懷念過去的選民，拒絕放下西方主宰世界的過往，只會讓新興國家的觀感繼續惡化。唯有切實關心西方的根本價值，並對非西方國家關切的事務表現更開放的姿態，才能拉攏到新興國家的公民。

這就像我們在第五章看到的一樣，羅馬文明也是靠著談判才得以延續。在歐洲大陸上，地主菁英和新興王朝之間的談判，使得拉丁文讀寫、基督教和成文法傳統等典型的羅馬元素，能夠被納入西羅馬滅亡後的新秩序之中。但我們也不要太美化這些文化形式的意義，畢竟過去能從中得到好處的，主要還是地主菁英，而它們能夠倖存下來，同樣是因為新興的外族菁英可以從中獲益。在英吉利海峽北方，歷史的走向就截然不同，那裡沒有一位羅馬地主菁英能夠打入新秩序，羅馬生活的元素也徹底消失。直到六世紀末，基督教、成文法和拉丁文讀寫才重新引進英格蘭，因為當時的盎格魯—撒克遜諸王已經被歐陸大都市的經濟網深深吸引，並發現如果想擁有最好的交易條件，就得跟海峽對岸擁有共通的文化。然而，若不是古老的羅馬價值已經在西歐其他地區扎根，這一切也都不可能發生。

對如今的西方國家來說，談判成功的關鍵，是調整面對中國時的姿態。中國的政策有一部分確實威脅到了西方傳統的核心精神，但也有一部分只是因為渴望恢復強國地位、推翻西方殘存的帝國主義傲慢。區分兩者是非常重要的，因為後者並無不當之處。雖然中西關係一定會發生週期性的對抗，但重拾冷戰時期敵我不兩立的修辭，也只會自我毀滅。任何成功的對中政策，都需要顧及經濟、政治和文化上的合作空間。

再怎麼說，中國的態度雖然日趨強硬，動武的野心卻尚且局限於周邊地區。因此，西方國家的國防部長在發表強烈的聲明以前，或許應該先自問，如果中國宣布即將派遣一艘航空母艦前往英吉利海峽或是加勒比海，自己又會做何感想呢？中國四周都是不友好的競爭對手，除了美國太平洋艦隊以外，印度、越南等鄰國也跟中國打過仗，因此中國覺得有必要擴大防禦邊界，以捍衛其成長中的經濟繁榮，是完全可以預料的。

至少目前為止，我們都可以確定中國軍事足跡的擴張，只是反映了其經濟足跡的擴張，而它的侵略形象很多時候也是因為周邊國家難以稱之為善意的行為。根據立場不同，有些人會認為二〇二〇年的中印衝突起因是中國進犯印度邊境，但也有人主張那是在對日益沙文好鬥的德里政府進行預防性打擊。說到底，美國能在二戰後成為世界警察，主要還是因為亞洲暫時出現了特殊的權力真空。當中國開始恢復過往地位，美國在此的軍事足跡也必將相應縮限，但也絕對不會消失，而是會繼續充當和平穩定的支柱。如果能建立起足以平衡中國、又不直接威脅中國地位的聯盟，和平就會更加穩固。

中國龐大的規模，以及它在開發中世界日漸壯大的經濟與外交影響力都指出，無論其制度和意識形態和西方有多大的差異，在整個全球政治架構轉型的戰略中，都不得不設法將其納入。也許對於不久前還在對中國指手畫腳的西方國家來說，這簡直就是紆尊降貴，但歷史告訴我們，另一個選擇將會糟糕百倍。和千百年前促使羅馬與波斯攜手合作的游牧民族壓力相比，如今的世界面臨著更大的威脅。任何由美國領導的聯盟在擴張規模時，原則上都應該對中國擺出合作態度；儘管身為現代天穹中的雙星，中美之間不可避免會存在衝突和緊張關係。但這種策略不只能促進全球經濟，對其他議題也有幫助，無論氣候變遷還是人口轉型，都必須靠全球合作才有辦法應對。要預防利比亞、阿富汗、敘利亞等國家在脆弱政府垮台時發生的慘劇，也需要傾向合作而非對抗的全球氛圍。從歐洲如何記取二〇一五年難民危機的教訓，並在二〇二二年烏克蘭難民潮時展現出高效率的協調和處理能力，就能看出合作的力量。

因此，二十一世紀二〇年代的西方國家面臨著許多挑戰，他們必須思索新的世界秩序會如何形成。正如三、四世紀的羅馬面臨著波斯帝國與邊境部族聯盟的挑戰一樣，中國崛起也代表西方國家集團終於得面對一個勢均力敵的超級大國，以及過往邊陲地區方興未艾的發展。這些發展讓邊陲國家得到了足夠的經濟和政治影響力，並發出不容忽視的音量，我們無法逆轉局勢，只能認真聆聽。對於經歷過殖民時代教育的西方人來說，最直覺的反應依然是對抗，從經濟和政治層面來看或許也是如此。但如果不接受現實、假裝看不見邊陲崛起的必然性、拒絕與他們深入往來，我們不但會失去潛在的盟友，還有可能付出更嚴重，甚至毀滅性的代價。

至此，本書開頭的問題已經有了簡單扼要的解答：西方不可能再回到往日的那種偉大。維持當年政治結構的經濟組織，早已經歷過大幅的板塊變動，再也回不到原本的樣貌。西方政治家要讓國內的公民認知到這個事實，並開始建立新的、不那麼自我膨脹的世界秩序，這才能真正有效地捍衛西方人，以及全世界所有人的利益。

如果不盡快採取這樣的方針，而是採取對抗姿態，一心為西方的主導地位吊命，那長時間下來反而有可能導致災難。因為除了全球化招致的地緣戰略後果，另一個挑戰西方根本價值的威脅，也將在未來數十年內逼近我們的家門口。

第八章

國家會消失嗎？

公民通常都很樂意納稅來改善服務，但要他們繳更多稅來填補既有服務的成本，而且他們還可能永遠不會從這些服務受益，那又是另外一回事了。

二〇一六年六月二十三日，有百分之七十二點二的英國選民走進投票所，以百分之五十一點九比四十八點一的些微差距，決定了英國將脫離歐盟。這場公投最直接的結果，當然是脫歐運動（Brexit）在保守黨政客和「票投脫歐」（Vote Leave）組織的合作下取得勝利。但同時，這次投票也揭露出英國選民之間深刻的分歧。雖然還是有不支持任何一邊的「中間派」，但他們和正反雙方的界線卻非常明顯。在之後的五年裡，種種政治操作又加深了這種分歧。但英國嚴重缺乏共識的政治話語，在如今的世界上並不罕見。同一年的美國，川普也在競選時揚言要把對手希拉蕊「關起來」（Lock her up），這種煽動分裂的修辭深得他的選民喜愛，甚至成為造勢大會上的口號。而在二〇一八、一九年的冬天，法國各大城市也因為黃背心運動而動盪不安，這場運動起初是抗議燃料稅調漲，但很快就變成宣洩對於統治菁英不知民間疾苦的怒火。

在五世紀，同樣的政治話語分歧也在西羅馬殘存的疆域上大為盛行。面對帝國中心權力式微、稅收缺口日益擴大、蠻族聯盟不斷擴張的時代背景，統治菁英對於該怎麼做才能維繫社會和經濟優勢，依然分歧重重莫衷一是。有些人願意接受由獨立蠻族王國組成的新政治秩序，而像希多尼烏斯這樣的人，則是不惜一切代價捍衛自己的羅馬人身分。這種分歧可以說是羅馬帝國崩潰的最後一根稻草。在如今西方的許多爭議與分歧之中，也可以看到各式各樣的怨恨情感。這些政治分歧在五世紀侵蝕著羅馬的靈魂，現在同樣也蠶食著西方的根本，而兩者的背後都是同一種因素在催化。

老有所依之土

所有基於被治者同意（political consent）運作的國家都要依賴某種財政契約，要有一套理由讓納稅人願意出資維持他們生活在其中的結構，而羅馬帝國的財政契約就和大多數前現代國家一樣極其簡化。它的政府架構基本上只負責國防和法律，而且後者的保障對象主要是少數擁有土地的參政階級。大約四分之三的稅收是用於維持職業軍隊，以抵擋外來和內部威脅，保護地主階級的利益，而地主階級必須繳納一定比例的農作收成，和經營必要的行政機構，以回報帝國的保護。帝國另一個關鍵的中央集權結構則是法律制度，這套制度也是藉著定義與保護私有財產，以及制定一系列措施來規範使用權，以及繼承、婚配、買賣等轉讓方式。這一切同樣是為了地主階級的利益，絕大多數的羅馬人民都不會參與政治，對稅率和支出也沒有發言權。除了少數主要城市會提供麵包和表演以維護和平，政府很少為平民提供什麼幫助。農民人口雖多，但基本上沒什麼資源能對所處的政治體發揮長期影響力。

不過羅馬歷史上卻很少發生大型叛亂，農民就算按不住怨氣，多半也只能靠小規模舉事和打家劫舍來宣洩。這倒不是說帝國歷史一路順遂，且正好相反，在整個羅馬史上，軍事挫折常會成為內戰的導火線，特別是當地主覺得自己在危難時遭到忽視，或者得不到保護時，菁英就會設法獲取更多權力，以確保所屬利益團體的資源。但這些行為都是在爭奪帝國體系的控制權，而不是想要徹底脫離。至於個別地主雖然永遠都嫌稅率太高，總是極力主張減少地方貢賦，但原則上他們還是願意接受跟國家之間的契約。然而當五世紀入侵的外族占領大量土地，帝國便失去了保護地主階級的能力，國家與政治菁英的關係也發生了變化。偏遠行省的地主無論願不願意，都只能和外來政權達成新的交易，才能保住帶不走的莊園土地。最後，各行省的地主紛紛在沒什麼選擇的狀況下，和最有可能保護他們利益的蠻族領袖建立了新的關係，帝國再也無法履行承諾，財政契約也很快崩潰，整個帝國體系在不到三十年之間就徹底解體。

相比之下，現代西方國家建立在更廣大的政治基礎上，能涵蓋更高比例的民意，財政契約也較以往更為精細。從十九世紀後半開始，西方國家的政府架構就朝著（以不同組合）為所有公民提供醫療照護、教育、收入津貼、社會安全等服務的方向演變。這些服務能夠實現，有部分是因為工業化大幅增加了政府能課稅的盈餘和收入，加上為了管理多出來的財富，政府的行政能力也隨之增強。這場空前的變革也徹底扭轉了人民的意識形態，改變了人們對於「政府該做什麼」的理解。不過服務的種類大量增加，某種程度上也是因為現代國家對公民的要求變多了，因此每一種服務出現的次序也相當清晰。首先是在十八世紀末，英法兩國為了爭奪世界霸權連年爭鬥，大規模徵兵和全球衝突於焉誕生，並在拿破崙戰爭時期進一步發展。而為了照顧犧牲奉獻的公民，政治結構也必須改變。

所謂的「福利國家」會出現，也是因為現代工業徹底改變了社會階級的權力平衡。隨著勞動階級愈來愈往城市集中，在複雜的大型工作場所中組織起來，並獲得了長期政治影響力，這是古代農民所無法想像的。中世紀的農民也許能暫時威脅當下的社會政治秩序，這點英王理查二世在一三八一年就深有體會。那一年，倫敦周圍各郡的農民聚眾起義，浩浩蕩蕩地進軍倫敦，殺死了倫敦市長和坎特伯雷大主教。為了安撫群眾，國王別無選擇，只能頒布一紙自由憲章。但接著，群眾就因為糧食用盡撤退回家。而他們前腳一走，國王就立刻撕毀憲章，並派了一小隊士兵去解決各郡領袖。

工人和農民最大的不同，是前者不但大量湧入城市，還會永久定居下來。他們很快成為新的階級，掀起一場又一場社會運動，並威脅要發動全面的階級戰爭。面對工人們的要求，政府遂利用工業化的利潤，實施放寬選舉權、改善工作條件、減少工作日、改善公共衛生等措施，一步步建立起更強調共識的現代西方社會。同樣地，奠定德國根基的俾斯麥（Otto von Bismarck）也不是心腸柔軟的自由派，但他懂得見機行事，知道建立世上第一個公共退休金和失業保險計畫，肯定能贏得他最痛恨的社會民主黨支持。在這過程中，政府與人民之間逐漸形成一種新的關係，並體現為新的公民原則：不分貧富，人人都享有相等（但未必有資源伸張）的法律地位。在一九四五年後的幾十年裡，這種關係發展到了極致。會有這段政治相對和諧的時期，是因為世人普遍接受了一戰英相勞合喬治（David Lloyd George）「老兵有所依」（a land fit for heroes）的理念，認為國家有責任把公民從搖籃照顧到墳墓，因此國家徵收更多稅金來支付這些費用也很合理。在一九四五年的英國大選中，工黨和保守黨推出的政策方向都是建立福利國家，而這些觀念也傳遍了整個西方世界，差別只在接受程度和選擇的政策組合。政治論戰主要是圍繞在誰該繳多少稅，以及預算具體如何運用，而非徹底敵視整個制度。

儘管現在的人常常誇大這段時期的成就，並對當時依然根深柢固的社會分歧含糊其詞，比如美國社會就一直對當時的種族歧視輕描淡寫，但那確實是一段政治和諧、社會進步的黃金時代。人們常將黃金時代歸功於健全的政治菁英和進步主義，特別是凱因斯主義的經濟政策。兩者當然功不可沒，但另一個不容忽視的因素，是西方世界長期支配著全球經濟體系。從十九世紀開始，歐洲帝國就一直維持資金淨流入，因此政府得以提升工人階級的生活水準，又不必向富人課徵重稅。靠著進口印度的廉價棉花，再向印度傾銷廉價成品，曼徹斯特的紡織工廠即使提高工資，也不會減少利潤。也就是說，西方是因為將剝削外包給殖民地，才能實現內部和諧。而其他「邊境地區」，包括已經獨立的美國，則是靠著開放歐洲殖民和剝削地盤，才得以實現類似的效果。南北戰爭後，紐約、巴爾的摩等大城市因為失業和貧困暴動不斷，這些騷動也隨著擴張的鐵路蔓延開來。而政府化解的方法，就是鼓勵年輕人前往西部展開新生活。類似的過程也發生在澳洲和加拿大。就算是沒有殖民地的西方國家，只要能向新興帝國體系出口商品，就能從帝國的崛起中分到一杯羹。

二戰結束後，隨著西方帝國放棄傳統殖民主義，各國結為大規模合作聯盟，經濟繁榮也攀上顛峰，像英國國民健康服務體系（National Health Service）這種前所未有的公營福利架構也紛紛問世。雖然這些建設是西方各國政治與意識形態發展的成果，但我們也必須意識到，如果少了源源不絕從落後國家流入的財富，西方也不會有資金完成這些建設。而這也解釋了為什麼戰後相對和諧的社會和政治氛圍，到了現在會變得這麼緊繃。

贏家與輸家

一九八〇、九〇年代的新自由主義全球化，揭露出戰後的大致共識在本質上其實頗為脆弱。新自由主義沒能讓社會恢復黃金年代的經濟活力，反而把斂聚經濟成果的能力，又還給了西方社會中的某些群體。在此之前，幾乎每個西方人都能受到來自邊陲的財富流動滋養，但全球化後的新經濟秩序，卻是將大部分財富流動集中到特定的群體手中，並在過程中侵蝕許多人的生計。這種新的全球經濟模式，導致主要的贏家和輸家都生活在同樣的邊界裡，不像以前大多數的輸家都身在影響不到西方政治的遙遠海外。或者也可以說，十九世紀和二十世紀前葉外包出去的剝削與剝奪，現在又活到了西方世界。

最明顯從中得利的，當然是將生產外移的企業主和股東；另一方面，由於新的全球經濟愈來愈需要新想法和創造力，有幸掌握「知識資本」（knowledge capital），也就是技能和教育的人，也得以成為贏家的一分子，獲得技術程度較高的職務，而這些職務大部分都還留在西方。全球化企業不僅獲利提升，股票市值也水漲船高，市中心辦公室裡的專業人士，以及負責監督高階任務的設計、工程、行銷人員，手中往往也持有公司的股票，大大拉開了他們與其他職務的收入差距。此外，由於生產朝邊陲國家轉移，公司成本得以下降，一九七〇年代令人提心吊膽的通膨率也隨之下降，這代表利率也能跟著下降，購屋變得更容易，房地產價格也因此攀升。如果你身在中產階級頂端，也就是收入大約位在西方社會前百分之十，或是二〇〇〇年代年收入超過七萬美金的那群人，這無疑是段美好的繁榮歲月。[1] 除了收入增加，你通常也擁有房產，股票、房地產等資產的價值飆漲，也意味著退休金計畫的收益率會非常高。簡單來說，你的生活水準提高了非常非常多。然而你的優渥生活，其實是建立在許多低技能和無技能勞工的犧牲上。他們所經歷的是生產製程紛紛外移，自己能做的工作愈來愈少，最後只好去搶服務業的職缺，收入也因此嚴重下滑。這樣的經濟趨勢在整個西方都很普遍，但受害最深的還是社會福利不發達的美國。從雷根當選以來的這四十年裡，美國社會底層的實質收入基本上沒有變化，但前半段的收入都有所成長，其中前百分之十的收入更是多了三分之一。[2]

儘管從各種資料都能看出這些趨勢，但二十世紀末的公共論述卻一直安慰自己，相信在這種無限成長的「新典範」下，所有人都保證能從中得利，只有左翼政府會偶爾試著限制這種樂觀。二十一世紀初的布萊爾就曾為沒有跟上一九八〇、九〇年代的經濟繁榮，逐漸被社會孤立、遭到政府忽視的「下沉社區」（sink estate）焦頭爛額。

為此，布萊爾政府投入了大筆公共支出，其中有很大一部分貸款都是為了投資所謂的「未來收入」，也就是改善各級教育，以讓更多人能在經濟迅速全球化的時代向上流動。

一些具體的政策選擇也協助掩蓋了全球化趨勢在其他層面的影響。在整個一九八〇、九〇年代，許多西方國家的平均實質工資都幾乎沒變，比如美國的實質時薪就大致和一九七〇年代中期持平，但通膨率下降卻讓物價保持低廉，多少掩蓋了購買力的損失。同時，中國也在這時開始大量向西方市場供應廉價產品。在這樣的背景下，西方政府實施了一些政策，放寬低收入人士的信貸條件。以美國為例，聯邦政府利用其

---

1 自認為中間甚至勞工階級的人，以及一些加入工會的專業人士，都會很訝異自己其實是地球上最富有的百分之一。這是因為他們認識的大多數人，都跟自己差不多，但這只是反映了我們在有意無意間形成的社交偏誤，或是所謂的同類相聚（assortative mixing）。以前還有跨階級婚姻能緩解這種效應，但這幾十年裡最富裕的階層愈來愈傾向內部婚配，而這似乎也讓頂端十分之一的人，和社會上的其他人距離愈來愈遠。

2 https://ourworldindata.org/grapher/disposable-household-income-by-income-decile-absolute? time=1979..latest&country=~USA.

對主要貸款機構的影響力，壓低了貸款的抵押門檻。[3]這些措施引起了一波購屋熱潮，隨著買房的人愈來愈多，房價自然上漲，這讓新屋主相信自己有分享到全球經濟的成長，也鼓勵更多的人購買房子。

一九九七年，亞洲金融風暴發生，美國向許多邊陲國家提供了援助，但條件是接受美國政府提出的懲罰性撙節，其中又以泰國、印尼等身為風暴中心的東南亞國家所受懲罰最為嚴重。但西方市場反而因此在一九九〇年代末創下新高。一開始，許多經濟學家認為，這場危機是因為西方政府之前要求開發中國家採行新自由主義政策，開放資本市場，導致資本大量湧入邊陲地區，房地產跟著價值飆升，最終才走向崩盤。因此，他們呼籲撙節政策無濟於事，必須擴大支出才能避免經濟崩潰。然而柯林頓政府卻對這些建議置之不理，要求接受援助的政府削減開支，對西方商品開放市場。開發中國家因為撙節陷入嚴重衰退，西方經濟卻從中得到許多好處。富裕邊陲國家的投資者因為擔憂國內政局不穩定，紛紛將資金轉移到西方銀行帳戶，而這些資金也很快流入了市場。因此在世紀末，西方的投資者和消費者都在大量利用廉價信貸購買股票、房子和冬季度假計畫。而既然每個人的房地產、股票和債券價值，都成長得比債務更快，每個人明天都將比今天更富有，政客和決策者也得以堅稱萬事安好。在這樣的時代背景下，平均工資停滯並不重要，因為每個人都可以乘著廉價信貸，在新自由主義浪潮上享受更繁榮的生活。

在清醒的人眼中，這時的風險自然顯而易見，所謂的繁榮根本就是一場巨型龐氏騙局。只要金流出了些許差錯，房市和股市攀升的動力也會中斷，甚至開始下跌，屆時西方人手中就會只剩大筆債務，靠微薄的收入根本償還不起。就像巴菲特（Warren Buffett）說的一樣，潮水退了就知道誰沒穿褲子。

確實，潮水沒多久就退了。千禧年來臨前，亞洲金融風暴的災情已經趨緩，開發中國家的有錢投資人開始從西方帳戶撤回資金，匯回本國。好巧不巧，這波資本流向逆轉的時間，恰好碰上一九九九年西雅圖世貿高峰會上那場對抗西方霸權的行動，讓這場行動成為新自由主義模式陷入危機的象徵性時間點。美國聯準會想靠降低利率來

---

3 聯邦國民抵押貸款協會（The Federal National Mortgage Association），又名房利美（Fannie Mae），以及聯邦住房抵押貸款公司，又名房地美（Freddie Mac）。

緩解危機，卻只是進一步堆高西方的房地產泡沫。終於泡沫在二〇〇七、二〇〇八年之交破裂，房地產崩盤，退去的潮水化作金融海嘯衝擊整個世界。

西方政府匆忙填補堤防上的漏洞，但他們選的解方不僅讓現有的債務繼續膨脹，還大幅加劇全球化帶來的社會分歧。這次以聯準會為首的各國央行印製了數兆美金、歐元和英鎊，並以幾乎零利率的條件貸款給國內銀行，希望銀行再將這筆資金貸給企業和民眾。他們的邏輯是，企業只要有錢就會再從事投資、擴張，這樣就必須雇用勞工，讓經濟得到刺激，而一般人則可以用便宜的抵押貸款和信用卡恢復購買和消費。可惜的是，雖然這套政策確實阻止了經濟立刻陷入大蕭條，但隨著依靠信用運作的日子一去不返，日漸擴大的社會和政治分裂也終於無法隱瞞。西方股市靠著紓困重拾活力，在二〇〇七年海嘯後的一年裡，紐約道瓊指數上漲了大約百分之十八；然而，生產活動卻沒有得到多少新投資，多數資金都被企業拿去幫高階主管加薪，以及買回公司股票，而不是雇用更多員工。在金融海嘯後的十年間，高階主管的年終獎金和股東手裡的持股不減反增，全美國的股份回購量（share buyback）增加了四倍，但用於各類軟硬體的生產投資卻只成長了一半左右。企業確實有恢復雇用，但新職缺也多半是薪資較低的服務業，原有的全球化模式文風不動。簡單來說就是富者愈富，其他人只能饘粥餬口。

當代政治言論中的社會分歧主要有幾個方向。英國脫歐公投的結果出爐時，最流行的詮釋就是「世代對立」。其他論戰中的激烈對立還包括「專業人士與一般勞工對立」、「城鄉對立」，還有指責「沿海」的「都會」「菁英」背棄了「內陸」的「平凡百姓」。這些言論當然也沒有放過「在地出生」和「外來移民」之間的分歧，不斷指責後者搶走工作、拉低工資。有些分歧並不新鮮，比如反移民言論在羅馬時代就已經十分常見。但我們從新興的政治效忠模式就可以清楚看見，這些分歧其實是在反映一種更深層次的結構變化。新型態的民粹政客，特別是右派政客選擇將民眾日益熾烈不滿的情緒，引入所謂的「反建制政治」（anti-Establishment politic）中，吸引了許多被主流政治人物忽視甚至嘲笑的「落後人士」和「可悲仔」。這些手法突破了傳統的左右對立，讓許多勞工拋棄社會主義或自由派政黨，轉而支持新興右派，並成為脫歐公投和川普崛起的主力。奧地利極右翼甚至直接取得了政權，而德國、法國、義大利和西班牙的政局，也被極右翼攪得雞犬不寧。

但在這些分裂社會的標籤背後，其實都是同一個區別，也就是沒有從全球化新模式下的世界經濟重整獲益。許多西方年輕人為就學貸款所累，受房價飆升所困，舉目只見世代差距不斷擴大，自然會嫉妒年長世代能靠房地產和退休基金積累財富。這兩種資產的價值在過去四十年間不斷飛漲，一九六〇年代初在英國買下一棟房子的人，現在平均都已獲利百倍。如果是在倫敦，只要擁有一小間連棟透天，就可以過著堪稱奢華的生活。退休基金也是一樣，如今西方世界的財富，大約有百分之二十到三十掌握在退休金公司手上，它們可以利用這些廉價資金在邊陲國家大肆投資，付給客戶更多錢。這兩層變化代表著一種意義非凡的社會變遷。在十九、二十世紀，西方社會的財富是跟著所得一起成長的。也就是說，唯有當人們的收入增加，才會有更多錢進入儲蓄和投資管道。但在上一代人身上，兩者已經脫鉤，儘管儲蓄率幾乎不變，甚至還有所下降，財富的成長速度卻超越了所得成長。但對政府來說，與其課徵財富稅，還是課徵所得稅的政治代價比較小。

專業人士與勞動階層間的分歧，同樣是因為在生產重心轉移後，仍有些幸運兒正好具備西方就業市場所需的技能，可以得到或是保住僅存的高薪好工作。但老實說，獲得這些技能通常都需要比較高的教育程度，也就是要掌握「知識資本」，換句話說是要有願意花大錢投資教育的高收入父母。由於這些家庭往往擁有房產和退休金資產，西方社會漸漸也分裂成兩個階級，一個是主要或有一大部分收入來自各類資產的富裕階級，一個是只靠工作維生的勞工階級。而這代表的，是二十世紀西方標榜的白手起家和社會流動機會，都正迅速逝去。

在羅馬末年，隨著中央逐漸喪失維護地主利益的能力，各行省地主紛紛投靠附近的蠻族國王，以保住自己的土地資產。同樣地，受益於全球化的現代菁英階級，也將手中資產的一大部分轉移到邊陲的外包中心。這些人或許還在西方保留著一些價值過度膨脹的不動產，但其他資產，無論是在自己手中，還是由退休基金代管，都已經轉移到邊陲國家投資。在過去四十年的經濟重組下，多數西方社會已經形成了兩個經濟利益完全迥異的選民群體。這個發展不僅造成許多社會的嚴重內部分裂，也挑戰了從十九世紀發展至今的現代西方國家體制。

羅馬帝國的運作結構，也因蠻族聯盟的興起，遭受到類似的破壞。隨著帝國中心對各行省失去控制，稅收基礎逐漸瓦解，維持軍隊的本錢也一點點喪失。對此，帝國中心只能提高剩餘行省的稅率，但這也不可能彌補帝國的損失，反而只會讓地主更想捨棄羅馬，投效蠻族聯盟。最後，就連希多尼烏斯這種心心念念著羅馬政治圈的人，也只能和西哥德國王尤里克握手言和。而這一握，便宣告了西羅馬帝國真正的終結。

一千五百多年後，曾使西羅馬無法履行其財政契約的危機，也隨著全球化出現在世界各國。資本外流海外，意味著全球所得有愈來愈多已經落入邊陲國家的政府掌控之中，而西方政府只能抑制支出才能壓低稅收，勉強與這些國家競爭。然而，金融市場自由化不但有利於外包，也讓社會頂端的人更容易將金錢轉移到離岸避稅天堂。目前全世界有超過七兆美元不受任何政府管轄，差不多是全人類財富的十分之一。[4]

因此，當我們在二十世紀末親眼看見全球化如何撕裂西方社會時，西方領導人能用以維持公民生活水準的稅金流已經變得十分有限。羅馬末年應對稅基流失的手段，是提高剩餘行省的稅率，但現代西方領導人還有另一種對策，一種現代世界才有的奇術：舉債。然而，這也可能只是一種看似精明的拖延策略。

債與病

所謂債，就是今日消費，未來償還，這個概念和貿易本身一樣古老。然而到了近現代，荷蘭、瑞典、英國都紛紛成立中央銀行，這種新型機構從根本改變了國家政策；因為國家不只可以延後到不久的將來再付款，更可以利用三十年的抵押貸款和一百年的政府債券，將付款分攤到之後的數十年之間。事實上，當今這種國家型態會崛起，和國債的出現密不可分。二十世紀快速的社會與技術變遷改變了勞動生產，而依據生產性投資（productive investment）的預期收益來借貸，就是現代經濟快速成長的關鍵。

然而，將借貸用於生產性投資，和用於應付立即性支出，很多時候並不容易區

4 https://www.project-syndicate.org/commentary/western-sanctions-russia-oligarch-dark-money-by-daron-acemoglu-2022-03.

分。政府的投資通常是用來保障就業機會，或是提供其他類型的立即性福利，一九七〇年代的國有化就是如此；布萊爾政府擴大社會福利支出，也是期望增加未來的收入（但沒有實現）；強森的「平衡」（level up）計畫則是針對備受忽視的英國中北部，雖然這些計畫的收益多半無法彌補成本，但後來的繼任者也沒有放棄。許多在當代西方顯得有點老派的基礎建設計畫，也未必真的那麼老。二〇二〇年，強森宣布了所謂「羅斯福式」投資計畫，但其規模實際上只有當年新政的三十分之一；《金融時報》注意到以後，就在報導中指出羅斯福曾建造了胡佛水壩，而強森卻只打算修復英國中部的一座橋梁。[5]這個比較很有意義，因為蓋一座新橋會打開新的貿易路線，降低成本和交通時間，引發新的經濟活動。但修復一座橋只是維持現有的路線以及經濟活動水準（當然，這還要等幾年讓修復工程完成）。同樣，美國在二〇一七年實驗大規模減稅時，川普總統也說這會讓經濟一飛沖天。然而實際上並沒有。在接下來的一年裡，美國經濟成長率只多了百分之零點七，之後又落回其基本成長率（接近每年百分之二，並呈下降趨勢）。企業投資幾乎沒有變化，工作機會沒有像當初講的一樣暴增，就業率成長也維持原狀。各公司節省下來的稅，大部分都用來配息和回購股份，股價雖然大有成長，極少數最富有的美國人變得更富有，但整體經濟幾乎沒有起色。

事實上，我們已經無法靠投資基礎建設和其他直接的刺激措施，就讓經濟大幅成長，西方早就脫離了那種模式。有些經濟學家堅信改變遲早會到來，我們會等到另一場和蒸汽動力、電力普及並駕齊驅的生產力革命，讓經濟恢復往昔的成長速度。他們口中帶來革命的使者通常是資訊科技，但我們等了這麼久，革命還是沒有來。著名的諾貝爾經濟學獎得主勞勃・梭羅（Robert Solow）曾在一九八七年說過，電腦時代的影響隨處可見，唯獨在生產力統計中不見蹤跡；這點到如今似乎還是沒變。

大多數西方國家的生產力成長率，也就是勞工在一個小時內所生產的價值非但沒有成長，還長期呈現下滑趨勢。在繁榮空前的二十世紀中葉，西方每年的每小時產值成長率都將在百分之三左右。但從一九七〇年代開始，每小時產值成長率就逐漸回到常態（在人類史上通常接近百分之零），而現在則是每年百分之一上下。同時，產出

---

5 George Parker and Chris Giles, 'Johnson seeks to channel FDR in push for UK revival', 29 June 2020: https://www.ft.com/content/f708ac9b-7efe-4b54-a119-ca898ad71bfa.

大幅成長的也只有少數一群勞工。最活躍、最有生產力的經濟部門，也就是西方國家還能保持優勢的部門，造成了非常兩極的勞動力需求。在高科技產業裡，高效率勞動力所占的比例相對較少，比如在二〇二〇年，臉書的六萬名員工就為公司帶來幾近九百億美元的收入，平均每人大約一百五十萬美元。而這六萬人背後，卻需要更多清潔工、保母、咖啡師等非專業人士來支援。換句話說，當今西方社會的生產力成長，主要是來自少數人的貢獻，但他們的貢獻對於提升多數人的生產力，卻幾乎沒有幫助。因此，雖然債的意義曾是為了投資今天，以增加明天的收入，但對當代大多數的西方人而言，債已經變成了今天消費，明天買單的工具。

既然投資和擴大生產之間已經不像過去一樣連結緊密，西方政府和社會舉債的目的，已經從打造未來的繁榮，轉為提升或維持當前的生活水準。生產力成長減緩也拖慢了整體收入成長，導致家庭和企業都需要靠債務維持習慣的生活方式。有好一陣子，政府都保證這麼做很安全，再三宣稱會有新的生產力革命掃去所有債務，並推出低利率和減少信貸障礙等措施，讓借貸變得更容易。

這是前所未有的景況。雖然在當代西方社會裡，債務已經是無所不在，但別忘了在二十世紀中以前，世界上還沒有信用卡這種東西，而如今它卻已成為生活中不可或缺的工具。在信用卡誕生以前，債務通常都是用在投資，企業會借貸興建工廠，家庭則會借貸購買房子，而政府債務只會在戰爭時飆升，一旦戰爭結束就會快速下降。舉例來說，二戰後的二、三十年間，美國私人和公共債務加起來，才大致與國內生產毛額相當，其他西方社會也是如此。然而，進入全球化時代以後，情況就變了，無論政府還是個人，都靠債務來掩蓋收入短缺、不平等加劇等問題，甚至是用來撐住財富會繼續成長的夢想。

到了二〇一〇年代末，整個西方都已經債台高築。二〇一九年，在川普的減稅政策下，光是美國的國債就超越了國內生產毛額。加上一般公民累積的債務，美國的基礎債務比率（underlying debt-to-GDP ratio）就已經超過了百分之三百，是戰後繁榮年代的三倍。英國的狀況和美國差不多，義大利則更為嚴重，不過財政紀律散亂的王者當屬日本，其總債務比率（total debt-to-GDP ratio）目前已接近五比一。整個西方世界都逃不開這個趨勢，即使像丹麥、荷蘭這樣以勤儉自豪的國家，總債務比率也超過百分之三百不少，甚至就連一個銅錢向來要打二十四個結的德國，總債務比率也遠不只百分之二百。

直到最後，生產力革命依然沒有降臨人世，將債務比率打回原形，倒是有一場無人預見的外部衝擊朝西方襲來，只不過這次來的不是匈人鐵蹄，而是一種微之又微的有機物。二〇二〇年初，中國新聞報導了武漢市出現一種新型冠狀病毒。幾個星期過後，這種病毒就蔓延到了全世界。大部分西方政府對此的反應都不大，但是到了三月初，世界衛生組織終於宣布這次爆發的疫情是場大流行，恐慌也隨之爆發。多國政府實施了外出限制，封鎖國境阻絕國際旅行，多數西方政府也用前所未見的速度，制定了經濟紓困方案。中央銀行再次打開閘門，印行大量新貨幣購買政府和企業債券，讓政府有資金能幫閒置企業維持運轉。經濟因此沒有立即陷入遏制，但西方社會內部的分歧卻再度加劇。各國央行將利率壓到最低，某些國家甚至祭出負利率，也就是說借錢給政府還必須繳利息。這不僅鼓勵企業借入大量資金以增加現金持有量，也鼓勵因為債券市場獲利不佳而逃跑的投資者另尋出路，轉向股票、房地產和加密貨幣等新發明。儘管年初暴跌的股市很快就在夏季回彈，彌補了投資人的損失，但整個社會即使有紓困方案，實質薪資依然停滯不前，小型企業更是紛紛倒閉關門。

幾乎沒有一筆新債務是用在承諾可以為經濟成長帶來新希望的投資上。在大西洋西岸，特別是美國，大量資金流入股市，就連一些形同破產的殭屍企業，股價也連跳了好幾下。短短幾個月內，西方政府的債務負擔足足增加了百分之二十五。光是在二〇二〇年底以前，西方為了應對疫情，就不得不再欠下總計約十七兆美元的債務，各國的公共債務負擔普遍增加了百分之十到二十。這些應對新冠危機的方式，也將一個隱藏在全球化底下的關鍵問題，逼到了公共論戰的火線上：到底有誰能為西方高築的債台買單，又要用怎樣的方式做到？而在此之後，西方社會又將變成什麼樣子？

這其中牽扯的利益關係無比複雜廣大。當西羅馬帝國的核心陷入財政困難，無法繼續維持契約，替負責納稅也有權加稅的地主菁英捍衛利益後，整個帝國就在頃刻之間倒下。當代西方所遇到的國家收入危機雖然病根不同，但只要稍加思索就可以知道，這場危機已經威脅到現代西方國家的基礎，而這份威脅很可能和羅馬在五世紀遭遇的困境一樣，足以捻熄整個帝國的氣運。

核心即將失守？

這不是西方各國第一次重債難償。二戰結束後，各國累積的債務就曾來到歷史高峰。如今的一些分析家，特別是現代貨幣理論學派（modern monetary theory），[6] 提出了和八十年前一樣的主張，認為只要有進一步的經濟成長，就能很輕鬆地償還這些債務。他們主張每一百美元的投資債務，都將會帶來數百美元的產出成長。如此一來西方目前的債務，就能像一九四五年的債務一樣，在幾十年內還完。

然而，一九四五年和現在有一些關鍵的區別。首先，一九四五年時的退休人口只占百分之五，戰後時期龐大的生產力成長尚未開始，而且當時債務是用於重建基礎設施，為後續的經濟擴張鋪路。但西方目前的投資，都不太可能實現過去那麼高的報酬率，因為目前大多數的債務，包括疫情期間增加的債務，都只是為了防止經濟崩潰。這些債務甚至打一開始就不是為了增加新產出。既然只是想保住既有的產出，那也無法期待債務能自己還清。

再者，政府的支出多半也會繼續增加。隨著人口老化，健康醫療、退休金和公共服務支出也會增加，政府的預算壓力也將愈來愈大，像日本等國的這類支出已經占了總公共支出的三分之一。目前在多數西方國家，退休人口都已經占了百分之十五到二十，而且還在繼續攀升；按照目前趨勢，到了本世紀中葉就將來到百分之二十五至三十之譜。其中有一半的退休人口會繼續奔向七十五歲，增加更多健康醫療支出。最令人憂心的是，西方國家的財政已經差到會把壽命下降視為好消息了。其中最離譜的就是英國財政部曾於二〇二二年的報告中表示，由於疫情縮短了預期壽命，國庫得到了一小筆意外收入。

最後，目前西方政府的債務利率非常低。比如作為整個美國利率基準的十年期國債，其利息於一九八〇年上漲到將近百分之十六後，就開始持續下跌，到了二〇二〇年更幾乎接近零，其他已開發經濟體也多是如此。即便如此，英國政府還是在二〇二

6 誠然，有些經濟學家對此很是疑惑，認為這與傳統的凱因斯主義非常相似，甚至可以追溯到二十世紀初德國的「貨幣法定論」（Chartalism）。

二年二月支付了有史以來最大的一筆國債利息。而當西方國家的利率在二〇二二年開始回升時，政府又面臨到一個新問題：利息負擔開始進一步侵蝕各國的支出能力。此外，另一個戰後時期並不嚴重的因素，也在過去數十年間不斷飆升，那就是個人的債務負擔。

如果不能期待債務減少，只能看著它逐漸攀升，背後既有利息壓力又緊追不放，西方政府和公民還有哪些選擇，可以對付這日益迫切的財政問題呢？

央行可以決定無限期延長「金融壓抑」（financial repression），將利率長期保持在通膨率以下。這是戰後政策組合的另一面，當時政府借貸成本低於通膨率，這樣債務就會隨通膨逐漸貶值。這對政府來說很有利，因為稅收會隨通膨而增加，而債務卻不會。比如說，如果說西方央行將實質利率（即利率減去當前通膨率）保持在負百分之三（二〇二二年聯邦政府把這拉到了兩倍），那麼借錢給政府的所得價值，就會在二十五年內減半。儘管這招看起來巧妙，可以把問題拖到它自己結束，但金融壓抑很容易傷害社會。首先是退休選民，民主社會中的退休人士對政治影響甚鉅，因為他們的人數不但與日俱增，還是最有投票意願的族群。儘管靠著新自由主義時期的資產增值，退休基金也賺了不少錢，但隨著客戶的年齡不斷成長，這些公司也將愈來愈需要收購國債，因為國債能提供持續的金流，能夠滿足客戶按月領錢的期望。[7]然而，金融壓抑卻會隨著時間壓低這筆金流的價值。政客當然希望人民不會注意到這件事，但隨著褲帶跟手頭愈來愈緊，現在退休的人多半早晚會意識到發生了什麼，並投出相應的一票。

政府當然也可以嘗試古老的方法，削減開支、提高稅收。但這會碰到兩個巨大的阻礙。一是西方現有的財政契約隱含著極高成本，支出只會因此愈堆愈高。早在新冠疫情爆發之前，英國人就普遍接受醫療支出每年都需要增加百分之四，才能跟上需求增加、科技進步帶來的額外成本，更不用說大流行又讓人們看到，英國人引以為傲的國民健康服務體系在經歷十年的撙節後，早已疲弱不堪，如果再考慮到退休金支出的增加，那就更嚇人了。二〇二二年，英國首相終於承認，僅僅追加百分之一到二的預

7 隨著退休金計畫的客戶接近退休年齡，基金經理需要調整投資組合，買進更多像政府債券這樣的安全標的；他們不能冒險投資於更有利可圖的商業公司，因為對經驗豐富的基金經理來說，要處理投資風險而賠錢並不難，但對於每個月都要領到支付的客戶來說，這種狀況是無法承受的。

算，是無法長期支應國民健康服務的。公民通常都很樂意納稅來改善服務，但要他們繳更多稅來填補既有服務的成本，而且他們還可能永遠不會從這些服務受益，那又是另外一回事了。

目前，西方政府大部分的稅收來自所得和消費稅。但是銷售稅、增值稅等消費稅都會提高物價，而所得稅則主要由勞動人口負擔。隨著人口老化，現在平均每兩個西方勞工就要負擔一名退休人士的支出。而到了二十一世紀中葉，扶養比更將來到一比一。這個趨勢無法逆轉，也就是說，年輕的勞動年齡人口注定要承擔更高的稅賦，而將全球化和新冠疫情的債務加起來，又會再多出一大筆額外負擔。比如說，一個剛進入職場的英國大學畢業生，大約有一半的月收入都得繳稅。這就帶來了另一個加稅還債的大問題：當稅收提高，公共服務卻沒有相應改善時，財政契約破裂的風險就會升高。而從羅馬的歷史，我們可以看到這可能帶來什麼後果。

即便選擇破壞最小的政策組合，解決債務問題的阻力還是很大。首先，只要是有能力承受的經濟體，多半都還是得繼續壓低利率，再配合增稅和縮減公共服務等方案。拒絕遵從這些財政限制，一味調升利率只會導致經濟災難；英國在二〇二二年秋季發布，以大幅減稅和舉債為核心的「迷你預算」（mini-budget），就是這麼胎死腹中的。但在人口老化、低生育率的時代，增稅和縮減公共服務也幾乎是一路死棋。因為公共服務縮減太多，社會就會更加動盪，政府也會逐漸失去最關鍵的功能。二十世紀末的一些開發中國家就面臨過類似的債務問題，它們不得不大規模增加稅收和縮減支出，而且往往得不到西方同情。畢竟，這場災難就是柯林頓政府因為亞洲金融風暴而施加的；而用撙節政策掐住他們咽喉的西方，此時卻正沐浴著空前的繁榮。從這些國家的經驗，我們可以看見西方將有可能遇見哪些問題。最有可能的自然是大部分勞動人口會設法躲過稅收制度。底層的小型包商會以現金進行所有交易，進口商會收買薪俸微薄的海關人員以逃過進口稅徵稅，而超級富豪則會將財富藏到瑞士銀行的帳戶裡。而當政府稅收減少，公共服務也會進一步萎縮，彼此互為因果，循環不已。

而在受創最深的國家，二十世紀末的撙節政策已經拆毀了原有的財政契約，頂層和底層的公民都選擇退出既有政治結構，權力也被重新分配，有部分還輾轉落入非常不妙的人手中。牙買加和巴西的市中心社區被販毒幫派控制，墨西哥成為毒梟集團的地盤，巴基斯坦邊境地區和阿富汗的大部分地區都有塔利班盤據，建立起一個個國中之國。這種事聽起來很遙遠，但其實這種現象早已經在西方國家冒出了苗頭；除了很多西方都市最破落的街區，實質上都已經淪為黑幫城寨，更嚴重的是各國政府都愈來愈難以履行自己的承諾。比如英國在警政和司法預算不斷削減之下，已經變得無法無天，幾乎每一百件強暴案只有一件會受到懲罰，幾乎都要一聲不響地除罪化了。當人們被迫繳納更多的稅金，以償還過去的債務，而政府能給的回報卻愈來愈少，公民就很可能會開始懷疑，自己守法納稅到底是為了什麼。當人們的「納稅士氣」（tax morale）低落，不再相信繳稅能夠有所回報，就不會再誠實地報稅和納稅。同時，稅收機關也常常淪為吝嗇政府開刀的對象，這兩者合在一起，我們就幾乎可以看見整個體制在未來崩塌，正如羅馬在五世紀崩塌一樣。

政治破碎、社會動盪、民主凋萎、法律與人權威信掃地，公共服務氣衰力竭、生活水準江河日下，這可能就是西方未來的景況，但真的是這樣嗎？

結語

帝國將亡？

以民主的方式彌合不可避免的分歧，讓更多公民感受到接納和公平，並讓新興邊陲國家的公民相信，未來將有一個建立在相同的價值上、更為平等的新體系等待他們加入。

西元四六八年，春離夏至，君士坦丁堡再度出兵襄助西羅馬。時任西羅馬皇帝安特米烏斯（Anthemius），便是在一年以前，帶著東羅馬皇帝利奧一世（Leo I）的軍事承諾前來赴任。利奧一世亦言出必行，斥資黃金十二萬磅，派遣戰船一千一百艘，滿載水陸軍士五萬，浩浩蕩蕩從東方來援。此番遠征的目標乃是進軍北非，消滅由匈人間接催生的汪達爾—阿蘭聯盟，收復西羅馬最富饒的行省。

此戰若能得勝，不僅能增加國庫收入，重振西羅馬核心，還能暫時阻止另一個危險，不讓羅馬的外省地主繼續背棄帝國，轉為效忠附近新興的蠻族聯盟。早在四六八年以前，安特米烏斯就已經在阿爾卑斯山之北奔走展現魅力，試圖贏回先前投入西哥德與勃艮第王國麾下的高盧菁英。只要在北非贏得勝利，利用屆時增加的稅收厲兵秣馬，安特米烏斯便可說服舉棋不定的西方地主菁英，繼續效忠羅馬才是可見未來裡最佳的策略。

只可惜天不遂人願，海風變亂了方位，將羅馬艦隊困在墨丘利岬（Promontorium Mercurii）的岩岸；汪達爾人見狀立刻派出火船，羅馬檣櫓登時灰飛煙滅，整場遠征也以災難落幕。然而，君士坦丁堡後來仍於五三二、五三三年消滅了汪達爾王國，只是那時西羅馬已經不存在了。因此，收復北非絕不是妄談，如果之前西羅馬運氣比較好，確實有機會救亡圖存。不過即使如此，救回來的也不是從前的西羅馬帝國了。即使能殲滅汪達爾─阿蘭聯盟，帝國的主要稅基仍被兩個強大的蠻族聯盟占據，不列顛也徹底丟失，萊茵河對岸還有法蘭克人步步進逼。但是，由於西羅馬已經變回該地區最強大的軍事和政治勢力，西哥德人和勃艮第人將不得不接受帝國的霸主地位，之前三心二意的行省地主也會（或多或少有點不甘願）重新臣服於羅馬。最後，西歐也許會變成由羅馬帝國領導的聯邦，而不只是單一帝國，政治也會變得更複雜。儘管如此，在四六八年以前，西羅馬都一直有機會改頭換面，重獲新生。

正如前面所說，現代西方尚未像四六〇年代末的西羅馬一樣走到最後關頭。雖然跟二十世紀末的顛峰相比已經是在走下坡，但現代西方帝國的成員目前依然歲入甚豐。儘管如此，以我們自己對照古代羅馬帝國的興衰，就能清楚看見兩個關鍵。首先，現代西方帝國跟古羅馬一樣，已經面臨了自己親手製造的危機：帝國結構的運作終於促使一個真正的超級競爭者崛起，而原本屬於帝國邊陲的地區也萌生出一個個胸懷壯志的新勢力。和西元四、五世紀的羅馬世界一樣，這些新政治實體的崛起，也反過來將西方帝國內部撕裂成兩個階級，其中一邊享受著人類史上空前的繁榮，代價卻是另一邊的生活水準下滑，而西方各國的領導人，又為了該如何應對這個後帝國世界的新秩序，爭得不可開交。

然而，即使西方尚未走到堪比四六〇年代末的歷史關頭，但我們的處境也和古羅馬在五世紀初所面臨的情況相去無幾。就像羅馬一樣，我們的財政問題已經嚴重到足以威脅現有社會秩序，但我們卻不像羅馬，無法選擇重新殖民外國的糧倉地帶，來填補虧失的資源基礎。我們的財政還沒有像羅馬失去北非後一樣崩潰，某種程度上是因為我們有個羅馬統治者沒有的工具：舉債。現代的政府和公民都可以輕易向未來借貸，儘管這其實只是在推遲即將到來的收入危機。而且無論我們怎麼做，中國這個勢均力敵的超級大國，以及出現在前帝國邊陲的諸多強大新勢力，都已經是無法逆轉的事實。當然，如果古羅馬在窮途末路時依然有機會翻轉命運，那麼現代西方也有機會掉頭遠離崩潰的軌道——重點在於不能，也不該嘗試恢復殖民秩序、重奪主宰世界的地位。

然而，要正面回應舊秩序的消逝，實現可能的最佳結局，我們還需要做出許多艱難的調整，因為目前做的完全不夠。在西方內部，我們必須更誠實地面對西方人口持續老化、生育率不斷下滑，扶養比連年上升的現況，以及移民在這樣的社會扮演什麼角色。對於其他國家，如果我們有心要建立一個強大的新聯盟，掌握與中國對等來往的底氣，就需要以更平等、更體恤的方式對待前邊陲的新興強國，因為他們和我們共享著同一份文化與制度遺產。要西方選民接受這些訊息並不容易，不管是「移民搶走了我們的工作」，還是維持西方獨霸，甚至美國、英國或波蘭「優先」的口號，都更能蠱惑人心。然而要和中國或印度達成更好的貿易條件，集體作戰絕對比單打獨鬥更有利。

如果新一代的西方政治人物和選民願意接受這些挑戰，並成功擺脫國內的殖民遺緒，抓住機會建立更廣納、更包容的國際同盟，那麼即使過往的西方帝國終將迎來黃昏，也還是能得到非常正面的成果，而且受益的將不只是西方。近年各國合作協助烏克蘭抵擋俄羅斯入侵，就證明了這條出路的可行性。而要重新打造一個光明的後殖民時代，我們需要堅守西方現代國家的制度基石，也就是**保障一切福祉與利益的法治、向政治菁英確實究責的制度、自由的新聞媒體，以及公正能幹的公共機構**。只有依靠這些，才能讓西方公民的生活水準普遍優於競爭國家。然而，制度不會憑空存在，也不能僅靠人的努力維持。即使每個人都同意這些事物的價值，只要經濟和政治失去平衡，它依然無法持續。如果我們用錯誤的方式應對債務，或是未能改善財政契約以承載更多人，那麼現代國家還是很快就會消亡，被其他更狹隘的政治架構取而代之。

過往國內政治穩定受到威脅時，西方的政府可以將剝削外包到邊陲以宣洩內部壓力。但現在這個選項已經消失了，我們能剝削的只剩自己的同胞。既然沒有來自海外的大量財富，那西方國家要舒緩內部的緊張局面，似乎一定得要求富裕公民，特別是過去二、三十年靠著全球化收割最多利益的前百分之十獻出更多資源，以建立一種社會與政治運作的新模式。新冠疫情讓每個人都得為了社會中最脆弱的族群做出犧牲，也讓人們更加切身體認到，收入偏低的「必要」勞工對整個社會和經濟有多少貢獻，人們開始熱烈討論怎樣的政策有可能協助重建西方社會的凝聚力。然而，如果真的想讓這些政策構想發揮作用，只是走上街頭拍手遠遠不夠，西方社會還必須付出更多努力。新的財政契約可能要包括債務大赦（特別是針對助學貸款）、以全民基本收入提升每個人的基本生活水準、增加居住建設以讓更多人得到真正可負擔的房屋，或許還要將課稅對象從所得轉向財富。這同樣也不容易，因為有錢人在政治體系中擁有很大的影響力。但財富稅的目的不只是從有錢人的口袋掏出錢來，它還可以幫助刺激經濟，獎勵把財富投資在創造新收入的人，懲罰只想積累更多財富投入不動產或超級遊艇的人，換句話說，財富稅可以將資金引向更有生產力的用途。要做出這些改變，某些國家可能還需要採取其他措施，像是加重勞動法令以減少不穩定就業，否則就會發生以下案例。二〇二二年，一家英國渡船公司寧願接受非法解雇的指控，也要用更廉價的人力取代現有員工，因為反正就算被判了最高罰金，這筆錢也只不過是「業務費用」。除了穩定就業，體面的最低工資、免學費訓練，以及慷慨的轉職培訓計畫，也都能讓失業者在重新獲得工作技能的同時得到像樣的收入。按照現有北歐模式的經驗，這不僅能塑造更強的社會凝聚，也能催生出更具生產力的企業。

重新平衡財政契約以彌合當前社會分裂的趨勢，也需要增加而非減少國際合作。一個很好的起點是制定國際稅收協議，打擊避稅天堂和稅率套利（tax arbitrage）。據統計，目前全球共有超過七兆美金的財富藏在世界各地的避稅天堂，無數跨國公司和超級富豪精心安排了複雜的資產結構，或是乾脆利用低稅國家藏富海外，讓本國政府難以找出財富所在並對其課稅。事實上，這類措施已經開始進行了。二〇二一年，經濟合作與發展組織發表了全球最低稅率聲明，有一百三十個國家同意將企業稅設在百分之十五以上，而光靠這項措施，各國政府每年就可以多出一千五百億美金的收入。

降低溫室氣體排放的國際條約和綠色新政（Green New Deal）也可能阻止碳排放的惡性競爭，確保年輕一代能有宜居的未來。這些也許可以結合全球碳稅制度，甚或是結合將碳稅收入分配給整體大眾的碳紅利（carbon dividend）計畫。這種方案應該能贏得更多支持者，特別是最常認為自己受環境政策牽累的勞工階級。藉著將成本轉嫁給碳排量最多的富人，並平等分配紅利，就能將經濟成果確實回饋給世界上所得最低的一群人。最後，西方國家的退休金制度肯定也需要改革，以恢復長期維持的可能性。延遲退休年齡也許是降低年金額度的方案之一，畢竟當初在設計退休金時，沒有人預料到人類的退休時光會跟勞動生涯一樣長。

這些必要的抉擇都無法輕易實現。但無論結果如何，西方都不可能按照十九、二十世紀的方式「再次偉大」。世界經濟的根本架構在這些年間經歷的變化太大，永遠不可能再回到過去，政治人物也需要停止假裝我們還活在幾十年前。況且，任何人只要誠實回顧現代西方帝國建立時的暴力與剝削，就知道其消亡根本不值得哀悼。當我們對新興邊陲國家的物質進步樂見其成，不再將之看作威脅，他們的公民也會更願意接受新的世界秩序，不那麼惦記西方在殖民時代的可恥作為，接受西方社會確實在內部衝突的過程中，找到一種可以凝聚共識的社會政治組織模式；和其他體制相比，這種模式無論在經濟繁榮、個人自由，還是政治與法律權力上，都能提供更多保障，也能保障到更多的人。如今人們往往視這些保障為天賦人權，但人權在整個歷史上卻是無比罕見。

西方國家的公民需要把握即將到來的重大挑戰，以民主的方式彌合不可避免的分歧，讓更多公民感受到接納和公平，並讓新興邊陲國家的公民相信，未來將有一個建立在相同的價值上、更為平等的新體系等待他們加入。如此一來，現代西方國家不但能跨越眼前生死存亡的危機，還能擺脫殖民體制依靠吸食全球財富續命的病根，創造一份無比偉大的後殖民遺產，這才是我們真正應該自豪的成就。

（Credit Suisse）發布的年度《全球財富報告》（*Global Wealth Report*），好奇的讀者可以去看看自己在全球寡頭中排在哪個層級。

結語

關於拜占庭海軍在四六八年的重要性，希瑟在《羅馬帝國的殞落》第八、第九章裡有更詳細的探討。不過查士丁尼在五三二年遠征的勝利，意味著它並非一支無能的艦隊。詳見希瑟《羅馬的復興》第五章。

網站上看到。[1]

第八章

希瑟對羅馬帝國體系中心的財政契約，以及其政治整合與內部異議的性質，都在《羅馬的復興》（*Rome Resurgent: War and Society in the Age of Justinian*, 2017）的第一章、第二章中有更詳細的探討。關於瓦特．泰勒農民起義有很多精采的記載，但Rodney Hilton的*Bond Men Made Free: Medieval Peasant Movements and the English Rising of 1381* (London, 1988)是很好的起點。

關於當代的邊陲崛起怎麼逆轉過去讓西方繁榮富裕的資源流動可參考拉普利的《金錢之神》。關於政府衰弱，被非正式的治理型態取而代之，可參考拉普利二〇一六年在《外交事務》（*Foreign Affairs*）的文章〈新中古時代〉（The New Middle Ages）。關於全球前百分之一的人口，以及前百分之十的人口組成，最權威的作者莫過於Branko Milanovic，他出版了數本關於全球不平等問題的書籍，其中最值得一讀的是*Haves and Have Nots* (New York, 2007)。另一個有用的資源是瑞士信貸

1　編按：文章標題全文為Africa is a mess, but we can't blame colonialism（非洲亂成一鍋粥，但我們不能都怪罪殖民主義）。

第七章

逐漸喪失領土稅基對西羅馬帝國體系產生的影響，可參見希瑟《羅馬帝國的殞落》的第四章及後續章節。至於東羅馬和薩珊帝國的大戰，可見Howard-Johnston, *The Last Great War*，相關作品很多，也可見Hugh Kennedy的傑作*The Great Arab Conquests: How the Spread of Islam Changed the World We Live In* (London, 2007)，本書討論的是兩國大戰引發的伊斯蘭擴張時代。彼得・布朗的T*he Rise of Western Christendom*, 3rd edn (Oxford, 2013)是了解羅馬文化元素如何進入中世紀西方的絕佳起點。

有關新自由主義的興起和普及，可參考拉普利的《全球化與不平等》，而其對開發中世界的影響在拉普利《理解發展》中有很豐富的探討。福山的歷史終結論最早出自一篇文章，並在一九九二年出版為《歷史終結與最後之人》（T*he End of History and the Last Man*）。修昔底德陷阱理論最初由國際關係大師艾利森（Graham Allison）二〇一二年在《金融時報》文章中提出，並在二〇一七年的《注定一戰？中美能否避免修昔底德陷阱》（*Destined for War: Can America and China Escape Thucydides's Trap?*）中做了更深入的討論。最後，強森二〇〇二年發表於《觀察家》（*The Spectator*）的文章〈非洲亂成一鍋粥〉（Africa is a Mess）已經進了歷史惡人榜，可以在該雜誌的的修正，糾正了蠻族掠奪土地的真相。

「大取代」（great replacement）陰謀論在極右派之中很受歡迎，該論調來自法國作家雷諾・卡繆斯（Renaud Camus）在二〇一一年的同名著作，不過它最早的靈感則是來自法國作家尚・拉斯帕（Jean Raspail）在一九七三年出版的反烏托邦小說，英文譯為《聖人營》（*The Camp of the Saints*）。目前經濟合作暨發展組織成員國的人口統計，可參考https://www.oecd.org/els/family/47710686.pdf。很多文獻都探討過合法和非法移民對西方社會經濟的影響，但比較有幫助的起點包括Florence Jaumotte, Ksenia Koloskova, and Sweta C. Saxena, *Impact of Migration on Income Levels in Advanced Economies* (Washington, DC, 2016), Gordon H. Hanson, *The Economic Logic of Illegal Immigration* (New York, 2007), and David K. Androff et al., 'Fear vs. Facts: Examining the Economic Impact of Undocumented Immigrants in the U.S.', *Journal of Sociology and Social Welfare* 39, 4 (December 2012)。最後，有關西方社會勞動生產力下降的大量文獻中，最權威（但以美國為中心）的是Robert J. Gordon, *The Rise and Fall of American Growth* (Princeton, 2016)，可以搭配另一本篇幅較小的好書是Tyler Cowen, *The Great Stagnation* (New York, 2011)。

帝國，最好的記述是James Howard-Johnston, *The Last Great War of Antiquity* (Oxford, 2021), Mark Whittow, *The Making of Orthodox Byzantium, 600–1025* (London, 1996), and John Haldon, *Byzantium in the Seventh Century: The Transformation of a Culture* (Cambridge, 1990)。阿波利納里斯的書信可閱讀W. B. Anderson有拉丁文對照的譯本*Sidonius Apollinaris Poems & Letters*, Loeb (London, 1936–65)。

第六章

關於盎格魯—撒克遜征服南不列顛的舊觀點，以及這些觀點為何需要、如何修正可見Simon Esmonde-Cleary, *The Ending of Roman Britain* (London, 1989)。希瑟的《帝國與蠻族》第六章提供了更完整的敘事重建。關於脫離羅馬的南不列顛物質文化如何快速衰退，請見Bryan Ward Perkins, *The Fall of Rome and the End of Civilization* (Oxford, 2005), and Ellen Swift, *The End of the Western Roman Empire: An Archaeological Investigation* (Stroud, 2000). P. Porena and Y. Rivière (eds.), *Expropriations et confiscations dans les royaumes barbares: une approche régionale* (Rome, 2012) 中許多文章都對Walter Goffart, *Barbarians and Romans AD 418–584: The Techniques of Accommodation* (Princeton, 1980) 中的有色眼鏡觀點，做出重要

of International Reserves in the Long Run, European Central Bank Working Paper Series #1715, August 2014。最後，在眾多關於智利政變的文獻當中，最適合作為探究起點的就是中央情報局的備忘錄，其標題即為「蘇聯放棄阿言德」。相關文獻可由下列網址取得：https://www.cia.gov/library/readingroom/docs/DOC_0000307740.pdf。

第五章

希瑟對西羅馬帝國體系終結的看法，細節可參看《羅馬帝國的殞落》（*The Fall of the Roman Empire: A New History of Rome and the Barbarians*, 2005）。有些解釋比較不重視蠻族因素，但也沒有否認，比如Walter Goffart, 'Rome, Constantinople, and the Barbarians in Late Antiquity', *American Historical Review* 76 (1981), 275–306; Guy Halsall, *Barbarian Migrations and the Roman West 376–568* (Cambridge, 2007); and Michael Kulikowski, *Imperial Tragedy: From Constantine's Empire to the Destruction of Roman Italy (AD 363–568)* (London, 2019)。關於羅馬將重心移回歐洲北部的地緣戰略轉變，可見希瑟的《帝國與蠻族》，以及Chris Wickham, *Framing the Early Middle Ages: Europe and the Mediterranean 400–800* (Oxford, 2005)。關於波斯戰爭和伊斯蘭教興起如何使東羅馬帝國萎縮成拜占庭

of Julian Caesar', in Hans-Ulrich Wiemer and S. Rebenich (ed.), *A Companion to Julian the Apostate* (Brill, 2020)。關於由特爾溫吉人主導的哥德聯軍，參閱P. J. Heather, *Goths and Romans 332–489* (Oxford, 1991)。關於日耳曼語系當中，改以軍事領袖稱呼領導者的語言演變，參閱Dennis Green, *Language and History in the Early Germanic World* (Cambridge, 1998)。關於大量羅馬晚期武器出土的相關歷史證據，出自第三章延伸閱讀中提及的Lotte Hedeager。

關於印度的工商階級的政治覺醒，使得印度民族主義升溫的過程，參閱Claude Markovits, *Indian Business and Nationalist Politics, 1931–1939* (Cambridge University Press, 1985), p. 32。拉普利在其《理解發展》一書中，探討過廣泛的去殖民化運動以及所謂的第三世界是如何形成的細節。Benn Steil在*The Battle of Bretton Woods: John Maynard Keynes, Harry Dexter White, and the Making of a New World Order* (Princeton, 2013)一書當中，對於戰後的布列敦森林體系是如何誕生的，有著引人入勝的觀點，詳細內容可參閱拉普利的《金錢之神》（*Twilight of the Money Gods*, 2017）。從此之後，英鎊作為世界首選的儲備貨幣的地位急速下跌，以美元為核心的全球秩序誕生，這段過程的詳細內容可參閱：Barry Eichengreen, Livia Chiţu and Arnaud Mehl, *Stability or Upheaval? The Currency Composition* *and Practice in the Third World*, 2006）一書當中討論過當代全球的邊陲地帶如何演變，在他的另一本書《象牙海岸的資本主義》（*Ivoirien Capitalism: African Entrepreneurs in Côte d'Ivoire*, 1993）當中，還有更深入細膩地剖析過殖民主義下的資本主義發展。若要深入外緣地區薄弱的殖民主義，法國殖民官員Robert Delavignette的日記*Freedom and Authority in French West Africa* (London, 1950)當中有著大量值得參考的資訊。至於印度，可以參考Angus Maddison的*Class Structure and Economic Growth: India and Pakistan since the Moghuls* (London, 1971)，書中揭露出了當時英國官員幾乎完全得要依賴當地的代理人的情況。

第四章

關於克諾多馬留斯與馬克里亞努斯的歷史，出自羅馬歷史學家馬爾切利努斯（Ammianus Marcellinus）的記載，並由J. C. Rolfe翻譯，與其拉丁原文共同收錄在洛布古典叢書（Loeb）當中；企鵝經典叢書亦有收錄精良的譯本，然而遺憾的是後者刪去了部分關於馬克里亞努斯的章節。John Drinkwater所著的*The Alamanni and Rome 213–496* (Oxford, 2007)值得一讀，即便他試圖在眾多歷史證據的反證下仍試圖將阿勒曼尼人描述為毫無威脅的外族，參閱P. J. Heather 'The Gallic War

尤其是該書第二章的內容，借鑑了豐富的考古研究分析的結果，其中尤其是由J. Hines翻譯，Lotte Hedeager的傑作*Iron-Age Societies: From Tribe to State in Northern Europe, 500 BC to AD 700* (Oxford, 1992)。關於羅馬帝國興起（與衰亡）的過程中，完全未接觸過羅馬帝國的歐洲「外部」世界的發展，P. M. Dolukhanov在其著作*The Early Slavs: Eastern Europe from the initial Settlement to the Kievan Rus* (Harlow, 1996)當中有著完整的介紹。四世紀時的特爾溫吉部落相關的考古證據，可參閱P. J. Heather and J. F. Matthews, *The Goths in the Fourth Century, Translated Texts for Historians* (Liverpool, 1991)的第二章。關於古代的琥珀貿易路線，參閱A. Spekke, *The Ancient Amber Routes and the Geographical Discovery of the Eastern Baltic* (Chicago, 1976)。

關於賈姆希德吉・塔塔的生平，在F. R. Harris所著傳記*Jamsetji Nusserwanji Tata: A Chronicle of His Life* (Bombay, 1958)當中有詳細記載；對於塔塔家族興起時的孟買商界社群則記載於S.M. Rutnagar的*Bombay Industries; the Cotton Mills: A Review of the Progress of the Textile Industry in Bombay from 1850 to 1926 and the Present Constitution, Management and Financial position of the Spinning and Weaving Factories* (Bombay, 1927)。拉普利於《理解發展》（*Understanding Development: Theory*

Miracle: Environments, Economies and Geopolitics in the History of Europe and Asia (Cambridge, 1981)一書中，Eric Jones將政治環境因素也加入討論，此書與林毅夫的論文〈李約瑟之謎：工業革命為什麼沒有發源於中國〉（The Needham Puzzle: Why the Industrial Revolution Did Not Originate in China，收錄於*Economic Development and Cultural Change*, vol. 43, no. 2 (January 1995), pp. 269–92）相輔相成，文中林毅夫提出觀點認為中國的科舉制度鼓勵年輕人走入考場、投入官僚體制，而非投入產業革新。不過目前對於資本主義制度的起源，綜各家大成且最具影響力的論點仍是艾塞默魯與羅賓森所著的《國家為什麼會失敗》。至於早期義大利資本主義，可以參閱Frederic C. Lane在*Venice: A Maritime Republic* (Baltimore, 1973)一書中的案例研究。若想重建探討范德堡家族的歷史，可以利用紐約長島族譜資料庫（https://longislandsurnames.com）；關於歐裔人口在二十世紀初的大規模遷徙，也可以參考Tara Zahra所著的*The Great Departure: Mass Migration from Eastern Europe and the Making of the Free World* (New York, 2016)。

第三章

希瑟在其著作《帝國與蠻族》一書中討論過羅馬如何確立邊界，以及隨之對於羅馬境外世界的經濟發展帶來的影響，出奧索尼烏斯與敘馬庫斯之間衝突背後更廣泛的文化演變過程。至於當時兩人效力的宮廷環境，最深入研究的莫過於J. F. Matthews, *Western Aristocracies and Imperial Court A.D. 364–425* (Oxford, 1975)。二十世紀晚期的考古研究帶來許多令人振奮的成果，其中T. Lewitt的*Agricultural Production in the Roman Economy A.D. 200–400* (Oxford, 1991)整理出三世紀到五世紀間的農業生產情況，並由C. Wickham進一步深入研究，收錄在*Framing the early Middle Ages: Europe and the Mediterranean 400–800* (Oxford, 2005)當中。四世紀時，稱羅馬偏遠難及、有名無實的評論家是狄米斯提厄斯（Themistius），該評論出自他在東羅馬帝國皇帝君士坦提烏斯二世（Constantius II）朝廷上的第四次演說，講稿全文由P. J. Heather與D. Moncur翻譯，並收錄在*Politics, Philosophy, and Empire in the Fourth Century: Select Orations of Themistius*, Translated Texts for Historians (Liverpool, 2001)。

關於現代資本主義的起源如今仍未有定論，甚至它究竟為何（就我們所知）是起源於歐洲這個謎團，至今都仍讓人們普遍感到好奇。賈德・戴蒙（Jared Diamond）在《槍砲、病菌與鋼鐵》（*In Guns, Germs and Steel: The Fates of Human Societies* ,1997）一書中，提出一個備受討論的觀點，即資本主義的起源以及擴張要歸功於環境因素。此外，在*The European*

史紀錄能夠佐證，但當代評論家仍熱中此道，尤其是美國或歐洲的政治右派人士更是如此。其中，卡普蘭發表的《即將來臨的無政府狀態》（*The Coming Anarchy*）更是帶來重大影響（再次強調，不論其觀點好壞），這篇一九九四年發表於《大西洋月刊》（*The Atlantic*）的論文，在二〇〇〇年成書出版後，進一步影響了近代的外交政策思維。

關於文中當代的世界經濟相關數據，出自世界銀行的世界發展指標，該資料庫是目前所能取得的資料來源當中較具權威性也較易取得的來源之一。各國生產總值歷史推估值的標準來源出自 Angus Maddison 編製的資料庫，收錄在：

https://www.rug.nl/ggdc/historicaldevelopment/maddison/releases/maddison-project-database-2020?lang=en.

第二章

奧索尼烏斯的《摩澤爾河》全文收錄於 *The Works of Ausonius*, Loeb, vol. 2 (London, 1961)，由H. G. Evelyn White譯為英文，並同樣附有拉丁原文，敘馬庫斯的尖酸評論也同步收錄於其中。此外，Greg Woolf著有*Becoming Roman: The Origins of Provincial Civilization in Gaul* (Cambridge, 1988)，以及R. A. Kaster所著的*Guardians of Language: The Grammarian and Society in Late Antiquity* (Berkeley, 1988)，這兩本書勾勒

中，將當時他所處的宮廷描繪得栩栩如生。關於羅馬帝國晚期的經濟崩盤，過去認為是正統觀念的古典論述可以參見：M. Rostovtzeff, *The Social and Economic History of the Roman Empire*, 2nd edn, rev. P. Fraser (Oxford, 1957).

關於羅馬晚期的敘利亞地區，考古學家Georges Tchalenko著有*Villages antiques de la Syrie du Nord* (Paris, 1953-8)一書，Bryan Ward-Perkins則另著有*The Fall of Rome and the End of Civilisation* (Oxford, 2005)，以後續出土的證據扎實地為羅馬晚期的富裕經濟下了令人信服的總結。彼得・布朗（Peter Brown）的眾多著作提供我們一個絕佳途徑，透過他的著作能夠深入了解帝國晚期以及後續發展出的文化繁華，其中尤其是*The Rise of Western Christendom*, rev. 3rd edn (Oxford, 2013)格外值得一讀。由瓊斯針對羅馬帝國晚期的政府結構進行的研究，請參閱*The Later Roman Empire: A Social Economic and Administrative Survey*, 3 vols (Oxford, 1964).

長久以來，將羅馬拿來借古鑑今向來是現代歷史學家常見做法，不論其觀點好壞，有許多經典著作至今仍廣受大眾讀者歡迎，其中包含湯恩比（Arnold Toynbee）的《歷史研究》（*A Study of History*）和史賓格勒（Osvald Spengler）的《西方的沒落》（*Decline of the West*）等書。儘管蠻族入侵導致文明崩壞的概念，實際上多數都只是聳人聽聞的說法，或是沒有完整歷

延伸閱讀

前言

吉朋的大作《羅馬帝國衰亡史》完整版本及精簡版本，原文皆由企鵝出版集團出版。希瑟在《帝國與蠻族》（*Empires and Barbarians: Migration, Development, and the Birth of Europe,* 2009）書中完整闡述過其對於西方世界的第一個千年的看法，該書並附有完整學術引注。拉普利則在《全球化與不平等》（*Globalization and Inequality,* 2004）一書當中，對於當代全球化以及政權興衰的深層循環進行思辨，進而開啟與希瑟之間的討論，兩人並進一步比對古代與現代的相似之處。

第一章

克勞狄安所作詩歌收錄於*The Works of Claudian*, Loeb (London, 1922)中，包含其拉丁原文以及Maurice Platnauer的英文譯文，同時，在Alan Cameron所著的*Claudian: Poetry and Propaganda at the Court of Honorius*, (Oxford, 1970)一書

FOCUS 03

帝國為什麼會衰敗

條條死路通羅馬，關於西方政治社會的再思考

Why Empires Fall: Rome, America and the Future of the West

作　者　彼得・希瑟（Peter Heather）、約翰・拉普利（John Rapley）
譯　者　劉家安、盧靜
編　輯　邱建智
校　對　魏秋綢
排　版　張彩梅
封面設計　莊謹銘

副總編輯　邱建智
行銷總監　蔡慧華
出　版　八旗文化／左岸文化事業有限公司
發　行　遠足文化事業股份有限公司（讀書共和國出版集團）
地　址　新北市新店區民權路108-3號8樓
電　話　02-22181417
傳　真　02-22188057
客服專線　0800-221029
信　箱　gusa0601@gmail.com
Facebook　facebook.com/gusapublishing
Blog　gusapublishing.blogspot.com
法律顧問　華洋法律事務所／蘇文生律師

印　刷　中原造像股份有限公司
定　價　450元
初版一刷　2024年4月
ISBN　978-626-7509-38-8（紙本）、978-626-7509-36-4（PDF）、978-626-7509-37-1（EPUB）

國家圖書館出版品預行編目（CIP）資料

帝國為什麼會衰敗：條條死路通羅馬，關於西方政治社會的再思考／彼得・希瑟（Peter Heather）、約翰・拉普利（John Rapley）著；劉家安、盧靜譯. -- 初版. -- 新北市：八旗文化, 左岸文化事業有限公司出版：遠足文化事業股份有限公司發行, 2025.04
面；　公分. --（Focus；3）
譯自：Why empires fall: Rome, America, and the future of the West
ISBN 978-626-7509-38-8（平裝）

1. CST：羅馬帝國　2. CST：歷史　3. CST：政治經濟

740.2238　　114002363